重读《雷锋日记》

以先进典型研究为视角

南通大学江苏先进典型研究中心　彭怀祖　吴东照／著

人民出版社

目　录

序

  彭怀祖教授及其团队的新著《重读〈雷锋日记〉——以先进典型研究为视角》即将付梓，着我写序，他们的研究我一直在关注，也曾为彭怀祖教授的专著写过序，对他们的研究是熟悉的，我深感该选题有着重要的现实意义，所以尽管对这一问题缺少专门研究，还是欣然答应了。

  中国特色社会主义已进入新时代，我们将开始全面建设社会主义现代化国家，伟大时代呼唤伟大精神，崇高事业需要榜样引领。选树榜样是提升榜样教育效应的基础性工作，确认雷锋是新时代的榜样，必须分析雷锋精神的内涵，把握雷锋高尚行为的动因，明晰新时代弘扬雷锋精神的重点。完成这些任务，需要写作团队有较为深厚的学术基础，有较广泛的实践基础，能够把深刻的学术话语用浅显、生动的语言讲述明白，从而产生鲜活的引发公众共鸣的情感力量，为推进学雷锋活动、促进社会主义精神文明建设贡献力量。

  彭怀祖教授及其团队前期研究成果较为丰厚，他们较早开始系统研究榜样问题，2002 年即由人民出版社出版专著《榜样论》，南通大学和江苏省文明办在 2012 年联合成立江苏先进典型研究中心，该中心是江苏省高校重点研究基地，彭怀祖教授担任主任和首席专家，中心的榜样研究在理论和实践方面不断有影响较大的成果面世，提升榜样教育效应逐渐成为该中心的特色研究。

研究榜样教育需要基础理论作为学术支撑，目前国内榜样教育的研究多从思想政治教育或道德教育的视角展开，诸多研究是鲜活、生动的，有些还具有新意和锐气，但总体而言离独到且深刻有些距离。彭怀祖教授及其团队致力以伦理学基础理论为视角开展榜样教育研究，这是非常困难又极富意义的探索。

以伦理学基础理论研究的视角探讨榜样教育的效应提升，是非常必要的，伦理学的重要内核是研究利他视域下的人与社会的应当，榜样有着为了他人和社会自觉牺牲自身利益的标识，充分体现了伦理精神。以伦理学基础理论为学术支撑研究榜样，优点在于能从学理层面讲述清楚榜样的必要与作用，会对选树、宣传、学习榜样等各个环节有着理性的把握，会减少榜样教育的随意性。然而，伦理学基础理论的集中体现——伦理学理论体系是多样且复杂的，西方伦理学理论体系流派纷呈，诸多伦理学理论体系互不兼容甚至观点对立，中国伦理学的实践覆盖面广、影响力大、成效显著，理论体系的构建、凝练却尚在努力之中。试图通过梳理伦理学理论体系寻求榜样教育提升的学术支撑，学术之路一定是异常艰辛的，可喜的是，彭怀祖教授及其团队在这方面取得了较好成绩。

彭怀祖教授主持国家社会科学基金重点项目《社会转型期道

德动因多元及导引研究》，论文《诸伦理学理论体系协同与互补的研究》被《新华文摘》全文转载，《"己所不欲，勿施于人"的当代道德价值》《人之比较的伦理追问》等论文引起较大反响，在梳理、评析中西方伦理学理论体系的基础之上，彭怀祖教授及其研究团队逐渐将研究聚焦于道德动因、道德行为等方面，提出了道德动因多元、道德行为分层的学术主张，直接为榜样教育效应提升提供学术依据。道德动因多元的肯定，阐明了榜样教育类别多样、行为丰富的必然；道德行为分层的确认，明晰了榜样的崇高。这些探索既有着新意，又体现了深度，是榜样教育效应提升研究的全新视角。

对雷锋精神的解读，阐明雷锋精神的当代意义，仅依靠伦理学理论支撑是不够的，必须对改革开放以来中国榜样教育的实践有着切实了解，并能广泛参与榜样教育的活动之中，才能提出切合实际的有效见解。所幸，彭怀祖教授及其团队已有了这方面的丰富经历，他们承担了中央文明办《发挥道德先进典型、公众人物思想道德建设示范作用》等课题，发表了《神圣与尊严：国家荣誉制度推升正能量》（《新华文摘》全文转载）等系列论文，应中宣部、中央文明办、中国文明网的邀请，在全国各地宣讲、点评榜样人物与事迹，他们对我国榜样教育的现状与特点是了解的，丰富的实践探索，有益于提高书稿写作质量。

该书在许多方面是有新意的，尤其是以下几个方面的尝试给人留下深刻印象。

一是关于道德行为的分层问题。作者将公众的所有行为分为崇高道德行为、合道德行为、不道德行为，将为了他人和社会自觉牺牲自身利益的行为确认为崇高道德行为，将符合社会规范的行为认定为合道德行为，将违反社会规范损害他人和社会利益的行为确定为不道德行为，全社会都应弘扬崇高道德行为，提倡合道德行为，抵制不道德行为。榜样是实施崇高道德行为的典范，理应得到选树，必须加强宣传并号召全社会公众学习他们。雷锋是助人为乐、敬业奉献的榜样，在新时代弘扬雷锋精神，有助于推动全民道德素质的提高。

二是对道德动因多元的肯定。作者认为，人的主观条件和客观场景的差异，决定着人们会从不同动因解读、实施正义和善良的行为，只要不是以物质回报为目的，行为没有影响社会的公正，就应得到鼓励。道德动因多元的肯定，会促使人们积极、自发地实施道德行为。雷锋在平凡岗位上持续实施志愿服务，真正做到敬业奉献，是由于他对共产主义事业信念坚定，对党和祖国有着深深的感恩之心，是因为不断受到英雄人物的激励，是因为自己的行为经常受到表彰后得到鼓舞。分析雷锋高尚行为的动因，十分有助于人们深刻认识雷锋高尚行为的不易和必然，从而加深践行雷锋精神的自觉。

三是强调雷锋精神的世界意义。《雷锋日记》用多国文字翻译出版，许多外国人对雷锋高尚行为赞叹不已，雷锋精神在世界范围具有广泛影响力，充分说明了人类是一个命运共同体，正义和善良是人类的共同价值。

四是道德建设必须依赖柔性导引与刚性约束的融合。弘扬雷锋精神的社会实践，必须在尊崇英雄烈士、规范志愿服务、崇尚劳动光荣等方面建制度、抓落实，从而使学习雷锋活动真正落到实处、起到实效。

五是必须持续推进学雷锋活动的守正创新。雷锋精神的内核——助人为乐、敬业奉献是不能动摇的，在志愿服务内容、对象、时间、方式、动因等诸方面，可以充分发挥自主特点，要注重学雷锋先进性要求和广泛性要求的结合，敬业是对全体公众的普遍要求，奉献是高尚行为理应得到崇敬。

该项研究尚有不足，例如，对雷锋高尚行为动因的分析，分类是否科学，是否全面准确，有可商榷之处，在当今社会，人们的自主意识不断增强，探讨弘扬雷锋精神的有效性，进而进行提升榜样教育的效应研究，面临许多问题，如何逐步破解，还有待深入探讨。

据我对彭怀祖教授及其团队的了解，他们有着对学术的真诚与执着，期盼他们不断研究雷锋，努力学习雷锋，在榜样教育效应提升方面，发扬"钉钉子"精神，把学术研究和实践探索有机结合起来，不断有新的学术成果面世。

是为序。

前　言

对榜样问题的讨论，提升榜样教育的效应是重要的话题，可以围绕选树、宣传、学习榜样三个方面分别探讨。

选树榜样，关键在把握榜样行为的先进性特征，人们在正义和善良的实践方面有着差异性，这就决定了榜样产生的必然与重要。所谓先进性，即无论榜样从事何种职业，无论在年龄等方面有多少差异，一定是能够充分体现榜样的利他特质，能够自觉为社会和他人牺牲自我利益。典型的可贵之处，可以体现在持续做好事方面，亦可以展现在突发事件的奋不顾身之中，做到了其中的任何一点，就具备了确认为榜样的基本条件。

宣传榜样，真实性是关键问题。宣传榜样真实性要求的第一个方面，是榜样事迹的宣传真实，宣传榜样的效果依赖榜样事迹的真实去打动人，还是通过刻意"拔高"而影响人，是榜样宣传的"分水岭"。应该充分认识到，真实性是榜样教育的生命，夸大性宣传也许能一时产生轰动效应，然而，随着时间的推移，真相注定会大白于天下，宣传榜样的任何失真，都会给榜样教育带来巨大的损害。宣传榜样真实性要求的第二个方面，是榜样行为动因的宣传真实，动因深藏在行为背后，是行为发生和持续的动力，对动因的剖析非常有必要，它既能加深人们对道德行为必然性的理解，也能促进人们如同榜样那样把自己的德性和德行有机统一起来，从而使学习榜样有坚实的基础。

学习榜样，是提升榜样教育效应的关键之处。对学习榜样的要求，一定要依赖时代特征和每个人的自身条件，其最为重要的是多样性。所谓多样性，一是指学习榜样程度方面会有差异，只要公众能充分认识到社会需要榜样引领，能够为榜样事迹的不易和崇高而深深感动，榜样教育就已经切实收到效果，如果能够在工作和学习中自觉向榜样学习，将正义和善良之心化为实际行为，则榜样教育的效果会更加显著。二是学习榜样的行为存在多样性，由于每个人的工作、生活场景和榜样千差万别，每个人的性格等因素也各不相同，德性基础也存在差异，向榜样学习的着力点在学习榜样精神方面，在实施道德行为时，应该鼓励每个人根据自身条件、按照自己的意愿去做，只要是受到榜样事迹鼓舞，自觉为他人和社会牺牲自身利益的，都应该给予鼓励和支持。

雷锋精神诞生于 20 世纪 50 年代—60 年代，当时全国各族人民的生产、生活条件都非常艰苦，国内外形势复杂严峻，迫切需要高扬信念之帆以激励全国各族人民努力前行，党和国家工作重心的转移迫切需要弘扬志愿服务和敬业奉献精神，雷锋精神在这一特定历史条件下产生与发展有其必然性。20 世纪 60 年代，自毛泽东主席发出"向雷锋同志学习"①的号召以来，雷锋精神影响并激励了几代人，成为中华民族历史上不朽的道德丰碑。习近平总书记指出："雷锋精神是永恒的，是社会主义核心价值观的生动体现。"②"雷锋"已逐渐从一个人名、一种人生，升华为一种精神象征与文化符号，其精神的永恒性在于雷锋始终把"为人民服务"当作自己的价值追求。

新中国成立以来，中国共产党领导全国人民审时度势，不断开创社会主义建设新局面，取得了世人瞩目的成就。习近平总书记在党的十九大报告中明确提出"中国特色社会主义进入了新时代"③，社会主要矛盾已经由人民日益增长的物质文化需要同落后的社会生产之间的矛盾，转化为人民日益增长的美好生活需要和不平衡不充分的发展之间的矛盾。④ 但是，随着改革开放和社会主义市场经济体制改革的深入，新时期在思想道德建设领域也出现了许多新问题、新困惑。2019 年 10 月，中共中央、国务院

① 人民网 . 纪念毛泽东题写 "向雷锋同志学习" 54 周年 [EB/OL].（2017-03-05）[2020-11-23]. http://cpc.people.com.cn/n1/2017/0305/c64387-29124395.html.
② 人民网 . 学习雷锋精神 听听习近平总书记的 10 句嘱托 [EB/OL].（2019-03-05）[2020-11-23]. http://cpc.people.com.cn/xuexi/n1/2019/0305/c385474-30957918.html.
③ 新华网 . 十九大报告作出了 "中国特色社会主义进入新时代" 的重大判断 [EB/OL].（2017-10-19）[2020-11-23]. http://www.xinhuanet.com/2017-10/19/c_1121823264.htm.
④ 人民网 . 深入理解我国社会主要矛盾的转化 [EB/OL].（2017-11-13）[2020-11-23]. http://theory.people.com.cn/n1/2017/1113/c40531-29641540.html.

印发的《新时代公民道德建设实施纲要》中明确指出"要深入推进学雷锋志愿服务，促进学雷锋志愿服务制度化常态化"①。但是，从现有学习雷锋志愿活动的现状看，整个社会既有弘扬传承雷锋精神的良好态势，也有怀疑雷锋精神是否过时的杂音。以湖南省雷锋精神研究会的调查为例，不少"90后""00后"可能没读过《雷锋日记》，不了解雷锋的先进事迹，雷锋精神在当代的意义和价值，有时会引发质疑甚至争论。

《重读〈雷锋日记〉——以先进典型研究为视角》，其写作意义即通过重读《雷锋日记》中真挚而又朴实的词句，辨析新时代背景下雷锋精神的现代内涵，从雷锋这个普通人身上吸取力量、传棒接力，通过弘扬雷锋精神，不断提升榜样教育的效应，通过依据选树榜样——先进性要求、宣传榜样——真实性要求、学习榜样——多样性要求，在实现"两个一百年"奋斗目标历史交汇的特殊时期，深刻把握学习雷锋精神的必要与重要，为新时代提升榜样教育效应努力，为中华民族伟大复兴的征程中构建积极向上的精神家园提供力量。

《雷锋日记》全面记录了雷锋的成长过程和行为轨迹，是雷锋精神的集中反映，体现了雷锋精神的崇高，通过分析雷锋所处的时代特征，了解雷锋的成长过程，就会发现选树雷锋作为榜样有其必然性。我们查阅了各种资料，对雷锋的

① 中国新闻网.中共中央国务院印发《新时代公民道德建设实施纲要》[EB/OL].（2019-10-28）[2020-11-23].https://www.chinanews.com/gn/2019/10-28/8990997_5.shtml.

成长过程分阶段加以梳理，并对雷锋的高尚行为加以类别分析，试图全导式展现雷锋精神。

感恩是雷锋精神产生的原动力。雷锋出生在旧社会，成长在新社会，旧社会的苦难使他成为孤儿，旧社会的黑暗与压迫让他饱尝苦难与痛苦，新社会使他沐浴在阳光雨露下不断成长，新旧社会的强烈反差和切身感受，赋予雷锋强烈的感恩意识，他把对旧社会的憎恨和对新社会的热爱，化作做好事、作奉献的不竭动力，在他短暂的一生里，无论工作岗位怎样变化，总是能做到"党叫干啥就干啥""干一行、爱一行、干好一行"，在平凡的岗位上干出了不平凡业绩。

通过分析雷锋成长的一生，我们可以发现，雷锋是忠于共产主义事业的人民战士，他心中有着坚定的共产主义信念，一生践行为人民服务，把对共产主义的美好向往，化作点点滴滴、无处不在的做好事之中。雷锋精神不是无源之水，在其形成过程中有着中华民族传统思想文化的烙印，它的孕育和产生深深根植于中国优秀传统文化之中，雷锋精神是中华民族传统文化的道德传承。雷锋用自己平凡而伟大的一生，展现家国情怀，在帮助他人之中获得快乐和满足，自觉为祖国和人民奉献一切，他的光辉行为体现了榜样力量与道德崇高。

和战争年代相比较，雷锋所处的时代，思想政治教育仍然体现出强大的生命力，榜样教育依然是思想政治教育的重要内涵，在选树榜样等方面，又有着新中国建设社会主义的鲜明特征。新中国成立以后，大规模战争状态总体已经结束，我们是在一片废墟的基础上开始新中国建设，以美国为首的西方国家对我国实行经济和科技封锁，苏联撤走了全部在华专家，新中国的建设面临极为困难的条件。和战争时期榜样选树集中在战斗英雄方面有所不同，新中国的榜样类别更为宽泛，祖国边疆需要有人保卫，艰苦甚至危险工作需要有人去做，社会突发事件发生时需要有人挺身而出，英雄壮举必须得到高扬，同时我们也应看到，建设社会主义需要千万个默默无闻劳动者的付出和奉献，注重选树凡人善举方面的榜样，具有极强的针对性和必要性。因此，选树雷锋作为榜样，是时代的召唤和必然，是增强民族凝聚力、战胜一切困难的重要精神力量，只要全国人民向雷锋学习，全心全意为人民服务，在工作岗位上为祖国多作奉献，我们就没有战胜不了的困难，我们的目标就会一步步实现。

宣传榜样是榜样教育的重要环节，通过宣传榜样才能使广大公众知晓榜样，让榜样力量得到充分发挥。榜样具有自觉性、利他性特征，是因为不易而伟大，是许许多多人难以企及的道德精神和行为高度，宣传榜样的核心要义是真实性，只有完全真实地宣传榜样，才能让公众对榜样的崇高心生感动、努力学习。榜样的传播者努力提升榜样宣传效果的追求，是不应轻易否定的，然而，为了一味突出榜样的不易和崇高，刻意拔高榜样的形象，看似出发点没有问题，实际上却缺损了宣传榜样的真实性，这是低估社会公众鉴别力的表现，往往会起到事半功倍的效果，甚至直接损害了榜样的形象。宣传榜样缺乏真实性，另一方面的表现是较少在榜样行为动因方面下功夫探究，只是凭着揣摩和大概了解，甚至想当然、洋洋洒洒地勾画行为动因，看上去似乎增强了宣传榜样的效果，事实上是低估受众分析能力的表现，尤其是在当下的信息社会，人人都是社会现象的传播者，人人又都是社会现象的受众者，任何自以为是、不求真实的宣传，都不会受到好的效果，宣传榜样也不会例外。

近60年来，宣传榜样雷锋的活动从未停止，雷锋精神得到不断弘扬。应该看到，宣传榜样的各项活动，总体上是非常有效的。雷锋精神已经走出国门，在世界范围内产生了巨大影响，雷锋是一个好人、是一个努力的人、是一个一心为他人和社会付出的人，这是社会公众对雷锋的朴素直觉。然而，宣传雷锋的活动还存在一些值得改进的地方，对雷锋所处的时代条件有时分析不够透彻，导致少数公众对雷锋精神的必要性和重要性缺乏深入认识，对雷锋的身世和成长、工作经历缺少阐述，对雷锋高尚行为背后的动因缺少深刻、逻辑的探讨，从而形成少数公众较难理解雷锋自觉、持续为他人和社会牺牲自身利益的行为，甚至个别公众误认为雷锋事迹不够真实，也有个别境界较低或别有用心者，说什么雷锋是"傻子"，因此，必须通过强有力、多角度、说理较为透彻的真实性宣传，提升雷锋精神的感召力。

正是出于上述的思考，我们在写作《重读〈雷锋日记〉——以先进典型研究为视角》时，认真收集、反复比较了诸多参考资料，对《雷锋日记》的内容和雷锋的高尚行为进行推敲研究，力求做到还原事实。对雷锋精神加以凝练，明确提出雷锋精神是"信念坚定、志愿服务、敬业奉献、持之以恒"，并从四个方面对雷锋精神内核加以阐述。对雷锋高尚行为的动因，根据雷锋的成长历程和历史背景，分四个方面加以阐述，我们认为，雷锋通过自己切身感受积淀成对党和祖国感恩之情，是雷锋精神产生最为重要、根本的动因，雷锋并不仅仅将感恩放在心底，而是化为实际行为，在感恩的强大驱动力下，积极投身火热的社会主义建设之中，他努力以英雄人物激励自己，取得了出色的成绩，党和人民给予平凡岗位工作的雷锋许多荣誉，让雷锋激动不已，他把这些精神鼓励当作动力，持续实施了助人为乐、敬业奉献的行为。通过对雷锋高尚行为的动因分析，真实可信的雷锋就出现在我们的面前。

随着时间的推移，雷锋精神的影响力愈来愈大，雷锋精神已经传播到世界各地，我们从人类是一个命运共同体和人类具有共同价值的视角，分析了雷锋精神的国际影响，切实感受到助人为乐、敬业奉献是正义和善良的体现，是人类的共同向往，也是每个人都能通过自己的学习和努力逐步做到的。对雷锋精神国际影响的分析，会加深新时代需要呼唤、学习雷锋精神的认识。

当今社会，改革开放不断深入，市场经济规则愈来愈受重视，信息社会扑面而来，在这样的背景条件下，探讨雷锋精神的当代意义，必然面对道德行为的自主非刚性特征与相应规则刚性约束、导引之间的融合问题，必须阐释清楚为他人与社会和为自己的关系问题，必须厘清社会主义建设时期榜样类别问题，必须明确根据国家需要选择工作与根据兴趣选择工作之间的关系问题，这些问题非常现实的摆在人们面前，如果不能准确回答好这些问题,重读《雷锋日记》的价值将难以体现。我们试图从道德视域下人的行为崇高性与合理性分析入手寻求答案,我们坚持认为,公众行为的道德鉴别具有多个层次,自觉为他人和社会牺牲自我利益的行为是崇高道德行为,符合社会规范的行为为合道德行为,违反社会规范、损害他人和社会的行为是不道德行为。对于不道德行为,无论怎样的社会形态,人们都会有着深刻的认识与抵制。问题在于,在市场经济条件下,自己通过竞争获取资源、自主选择工作岗位已为社会允许甚至提倡,在这样的背景下,如何弘扬雷锋精神,需要从道德理论方面讲清楚。

应该充分认识社会提倡的行为和崇高的行为之间的联系与区别,自觉牺牲自我利益是不易和崇高的,是社会非常需要的,祖国边疆需要有人保卫,社会安定需要有人维护,许多人有了困难需要他人帮助,唯有弘扬利他精神,才是使社会正义和善良的力量不断被放大。崇高道德行为可依据利他行为的持续性和自我付出的强度,简略分为凡人善举和英雄壮举两大类,这两类榜样社会都非常需要。雷锋精神集中体现了凡人善举的力量,雷锋短暂的一生,信念坚定是他为社会、他人持续付出的最扎实的基础和动因,助人为乐、敬业奉献是他行为的标识和内涵,雷锋对自己要求严格,一生艰苦朴素,这与他对他人、社会的努力付出形成强烈反差,这些因素的综合,形成雷锋精神的内核,有着永恒的力量,在功利化过度的当下,学习雷锋精神是极具价值的。

面对信息社会,如何在海量信息中鉴别真伪、认清是非,仅仅依靠道德的非刚性力量是不够的,党的十八大以来,我们党积极探索深化道德建设的路径，在学雷锋活动中，注重引领与刚性规范之间的融合，收到良好的效果。道德建设确实需要导引与约束的有机结合，在尊崇英雄烈士、规范志愿服务、崇尚劳动光荣等方面给出规约，能够促进学雷锋活动持续深入、收到实效。

新时代弘扬雷锋精神，必须注重雷锋精神的守正创新，雷锋持续自觉为他人和社会牺牲自己的利益，是高度正义和善良的体现，永远需要坚守，同时应该看到，人们的自主意识不断增强，在帮助他人和社会的内容、对象、时间、方式、动因等诸方面，应给予行为人更多的自主权利，以充分调动公众投身做好事的积极性。人们对公平和诚信问题愈来愈重视，应该在学雷锋活动中始终注重公平和诚信问题，防止出现"吃小亏占大便宜"的状况，确保学雷锋活动不变形不走样。人们对尊严的要求特别渴望，在宣传学雷锋优秀事迹时，应充分尊重被宣传人的意见，更为重要的是，必须时刻维护被援助者的尊严，他们往往是经济方面的弱者，内心容易受到伤害，着力平等对待他们，让他们在接受援助时，少一些心理负担，多得到安慰鼓励，用真心、真情对待他们。

总之，坚守雷锋精神的内核，顺应时代发展要求，不断开创学雷锋活动的新局面，促使榜样教育不断焕发新的面貌，使雷锋精神成为当代精神文明建设的重要力量，为社会的向上、向善不断努力，这些是本书写作的缘由和着力点。

第一章　雷锋的成长之路 [①]

雷锋的一生是短暂的一生，在他短暂的一生里，经历了祖国翻天覆地的变化。他出生在战火连天的抗日战争时期，童年即成为孤儿，从小深深感受到旧社会的战乱、贫困与屈辱，解放以后中国人民站了起来，雷锋亦沐浴在新社会的阳光雨露下，在党的关怀下，自己一步一个脚印健康成长。

一、苦难童年：1940 年—1948 年

1940 年 12 月 18 日，雷锋出生在湖南长沙一户贫苦农民家里。1940 年这一年是农历庚辰年，父母便给他取乳名叫"庚伢子"。

1940 年抗日战争进入相持阶段，日本帝国主义不断对中国烧杀抢掠，中国人民奋起反抗，1939 年 9 月到 1942 年 2 月期间，

[①] 本章内容为雷锋同志生平介绍，主要据于《雷锋日记》（解放军文艺出版社）、《雷锋日记（1940—1962）》（哈尔滨出版社）、《雷锋日记（红色经典文库）》（中国青年出版社）以及光明网、中国军网、中国社会科学网等纸质和在线资料整理、筛选、归纳而成。

中国北方的国土不断沦陷，中国军队与侵华日军在以长沙为中心的第九战区进行了 3 次大规模的激烈攻防战，史称"长沙会战"。日军的逐步深入使得长沙成为中国抗日战争的最前线之一，长沙人民饱受战争苦难，雷锋呱呱落地即陷于战争的巨大灾难之中。

抗日战争结束以后，中国进入解放战争时期，长沙被国民党政府统治，人民深陷物价飞涨、民不聊生的痛苦时期。

雷锋的童年生活，深刻反映了旧社会的苦难。雷锋 5 岁时，父亲雷明亮因病去世，6 岁那年，哥哥在工厂过度劳累，患病去世，不久后弟弟也夭折了，7 岁这一年，母亲张元满不堪凌辱，悬梁自尽，雷锋从此成为孤儿，由他的六叔公收养。

连年的战争给中国人民带来了巨大的灾难和极端的贫困，一个 7 岁的孩童已成为孤儿，旧中国的惨痛与屈辱，给雷锋的心灵打上了深深的烙印。

二、翻身解放：1949 年—1956 年

1949 年 8 月，雷锋的家乡解放了。小小年纪的雷锋深刻感受到国家和社会发生了翻天覆地的变化，萌发了强烈的为新社会努力奋斗的愿望，他积极参加儿童团并成长为儿童团团长。1950 年土地改革以后，雷锋分得 3.6 亩耕地以及一些生活用品，他深切感受到了新中国的温暖。

1950 年，在安庆乡政府党支书的资助下，雷锋入刘家祠堂小学读书。1954 年，雷锋考入了清水塘完全小学（望城几十里

内唯一一所完全小学）读书，该校离雷锋家（简家堂）有 10 里路，雷锋每天起早摸黑到学校读书。1955 年，雷锋转入荷叶坝小学（今雷锋学校），同年春天，在农业合作化高潮中，雷锋把土地改革中分得的 3.6 亩田全部捐给了荷叶坝小学。

1955 年下半年，雷锋所在的安庆乡开展了"扫盲"活动，雷锋主动请求去教授语文，为了取得更好的教学效果，雷锋把农村俗语编成了顺口溜，教学效果十分显著。因此，雷锋被评为望城"模范群教"，这是雷锋获得的第一个县级荣誉。

1956 年 7 月 15 日，雷锋从荷叶坝小学毕业，他主动申请回到农村，当上了一名记工员。

新中国成立以后，雷锋在党的雨露和阳光下茁壮成长，他在学文化、长知识的同时，逐步形成志愿服务、助人为乐的良好品格，把自己努力奋斗的方向和国家、社会的需要同步起来，在为人民服务的广阔天地里不懈努力。

三、工作经历：1956 年—1959 年

1956 年 7 月—9 月，雷锋在生产队担任秋征助理员，负责征收公粮，后来又担任了两个月乡政府通讯员，从此开启了"干一行、爱一行、干好一行"的征程，他无论干什么工作都满腔热情，做事积极主动，出色完成任务。

1956 年 11 月，由于望城县委的一名工作人员去参军了，雷锋被调到望城县委当了一名公务员。望城县委的宣传部干事李仲凡曾回忆道："雷锋的个子不高，一脸孩子气，很引人注目。他

由乡下来到县城，而且进了县委机关，第一次遇到这么大的场面，陌生、新鲜，也很好奇，他到每个房子的门口都望望，把电话机、油印机、自行车等很少见到的东西仔细地看了个够，不时还跟大家问问……很快就跟大家都搞熟了。"①雷锋把自己的兴趣和时间集中在工作方面，这是取得较好工作成绩的基础。县委的领导班子开会，有时开到深夜，雷锋就坐在隔壁房间看书，陪到深夜，散了会，他把会议室收拾干净，把门窗关好，才肯去休息。在县委机关，雷锋做得最多的还是通讯员工作（送信、传达文件等），上世纪 50 年代中期的望城县，除了长沙至宁乡有石沙子公路，再也没有其他什么像样的路了，贯通区、乡之间唯有一些"羊肠小道"，交通工具除了县里机关的两辆自行车外，全靠步行，县、区、乡之间的上传下达，也主要依靠县委交通班的人步行传递，可见工作之辛苦。

在进入县委机关当公务员不到三个月后，1957 年 2 月 8 日，雷锋光荣加入了中国新民主主义青年团。1957 年，全国各地都在进行大规模的水利工程建设，同年 10 月 25 日，望城县也开展了治理沩水河（沩水河自西向东贯穿整个望城县，是湘江的一条支流）的工作。新中国成立初期，沩水河经常泛滥成灾，治理难度较大，未满 17 岁的雷锋，多次主动要求上治河一线，积极参加治理劳动，县委考虑到雷锋年纪较小，留在机关内比较合适，在雷锋的多次申请之下，县委安排雷锋担任沩水河治理指挥

① 师永刚：《雷锋》，生活·读书·新知三联书店 2012 年版，第 14 页。

部通讯员。虽然工作难度特别大，送信没有车辆，只能依靠徒步走路，有时候半天只能送一封信，即使这样，雷锋非但没有畏难情绪，反而通过自己的艰苦努力，出色完成了通讯员的任务。在工作之余，还能时时、处处关心沩水河的治理工作，在送信路途中，雷锋会留意路边的防汛工程质量是否合格，并向有关方面及时汇报、提出建议。只要有一点空余时间，雷锋即用于工作，晚上经常主动要求在指挥部守夜。

1958 年的春天，望城县在团山湖建设国营农场，分配给望城县一台拖拉机指标，由于县里经费紧张，于是号召干部和团员捐款，雷锋捐款 20 元，成为全县青少年中捐款最多的一位。

随后，雷锋进入团山湖农场工作，成为一名拖拉机手，1958 年 3 月 16 日，雷锋在《望城报》发表文章《我学会开拖拉机了》，这是雷锋发表的第一篇文章。后因县里组建人民公社，雷锋从团山湖农场转去五星人民公社工作。

1958 年 8 月开始，全国上下出现了全面炼钢的浪潮，全国钢铁工业总投资的一半，被用来建设鞍山钢铁厂，鞍山钢铁厂急需建设人员，雷锋积极报名到鞍山钢铁厂工作。1958 年 10 月，雷锋由原名雷正兴改名为雷锋。原本雷锋想给自己改名为"雷峰"，因为他觉得登山能够登高望远，不会迷失前进的方向，后来雷锋改变了想法，把"峰"字改成了"锋"，因为全民都在炼钢，而且自己也即将到鞍山钢铁厂成为一名炼钢工人，"锋"字更能体现他的决心。

1958 年 11 月 12 日，雷锋和伙伴们从湖南长沙出发，途经武汉、北京，到达辽宁鞍山，11月15日，雷锋到鞍山钢铁厂报到，被分配在鞍钢化工总厂洗煤车间当推土机手。

洗煤车间里办了个职工夜校，组织职工学习文化知识，拥有高小文化的职工都要参加学习，但夜校里只有两位老师专职教学，雷锋本是一个学生，由于他努力学习，后来兼职当起了语文老师。

雷锋在洗煤车间一共工作了九个月零五天。当时车间规定：推土机作业班每周、每月、每季度评一次生产标兵，雷锋在推土机班工作了三个季度，每个季度都被评为先进生产者，几乎每周都要被评为生产标兵；雷锋还五次被评为车间红旗手以及职工夜校优秀兼职语文教员，出席了鞍钢青年社会主义建设积极分子大会。

1959年8月20日，鞍山钢铁厂决定在弓长岭矿山附近新建一个焦化厂。弓长岭位于山沟之中，生活条件很差，雷锋主动报名到鞍钢弓长岭矿山参加新建焦化厂工作。在焦化厂工作期间，雷锋先后获得"先进生产者""节约能手"以及"红旗手"等荣誉称号。

雷锋在弓长岭矿焦化厂一共工作了四个月零十三天。雷锋热爱工作，一旦工作起来就很少正点下班，同事周玉凤说，"每次交班，总要等他一二十分钟，甚至半个钟头才出车回来。尽管劳动超了工时，可他还要仔细地把机车再检查一遍、把油添足、把检修用的工具一一清点才肯交班"①。

———————

① 抚顺市雷锋纪念馆官网.最亲密的战友乔安山：56年再回首 雷锋永远是跨越时代的"新青年"[EB/OL].（2019-07-22）[2020-11-23].http://www.leifeng.org.cn/ins.asp？s=32&i=1803.

1959 年 11 月 14 日，焦化厂专列拉进了几车建焦炉急需的高标号水泥，不想夜间 10 点多钟天气突变、黑云密布，下起了大雨，在这紧急关头雷锋将自己的被子拿出来去盖水泥，并动员宿舍的职工抢运水泥，在雷锋的带领下，7200 多袋水安全转运，避免了重大经济损失。

雷锋对工作有着满腔热情，不管是分内或分外的工作，无论工作条件怎样艰苦、恶劣，他都全身心地投入，把自己的一切奉献给火热的社会主义建设事业。

四、部队战士：1959 年—1960 年

由于雷锋的身体条件达不到当兵的标准，雷锋参军的过程，颇费周折。

1959 年 12 月 9 日，弓长岭的《矿报》发表了雷锋《我决心应召》的申请书。雷锋通过发表文章，表达积极要求参军的坚定决心。但是，在征兵的第一轮目测环节中，就把身材比较矮小的雷锋淘汰了。雷锋不甘心，追着满载具备体检资格的应征青年的汽车，硬是爬了上去，跟着去了体检站。到了体检站后，经过体检，雷锋的身高和体重都没有达到标准，因而未能通过体检。体检结束后，雷锋找到负责的相关领导，讲述自己的苦难童年，表达参军卫国的强烈决心，他的身世和表现打动了大家，最终破格同意雷锋参军。

1960 年 1 月 8 日，雷锋入伍第一天，来到营口新兵连。当天下午，作为新兵代表在欢迎新战友的大会上发言。雷锋在他的

《日记》中写道："这天是我永远不能忘记的日子，这天是我最大的荣幸和光荣的日子。我走上了新的战斗岗位，穿上了黄军服，光荣地参加中国人民解放军，我好几年的愿望在今天已经实现了，我真的感到万分的高兴和喜悦，这是我一生最大的幸福"。①

1960年8月，雷锋参加上寺水库抢险救灾，带病连续奋战7天7夜，因表现突出，团党委为雷锋记二等功，1960年11月27日，雷锋作为立功代表在全团授奖大会上发言，此后，雷锋又荣立三等功一次，受团、营嘉奖多次。1960年8月和9月，雷锋所在的团收到了两份表扬雷锋的来信，其中一封来自中共辽阳市委，表扬雷锋为辽阳地区发生水灾捐款100元，对于每月仅有6元钱津贴收入的雷锋而言，100元钱是非常大的一笔款项，这是雷锋数年勤俭节约的积蓄。团党委决定树立雷锋为"节约标兵"，自此，雷锋逐渐成为沈阳军区的先进典型。

1960年11月8日，雷锋所在的运输连支部召开临时党员大会，大会通过了雷锋的入党申请。1960年11月9日，工兵团党委召开党委扩大会议，批准雷锋同志为中国共产党党员，此后，他还被选为抚顺市人民代表。

1960年11月23日，沈阳军区工程兵党委做出了"在部队中开展学雷锋、赶雷锋运动"，同时也作出授予雷锋"模范共青团员"称号的决定。11月26日，沈阳军区《前进报》用两个整版宣传雷锋的先进事迹。

---

① 雷锋：《雷锋日记》，解放军文艺出版社2012年版，第18页。

1960 年 12 月 1 日，雷锋日记（从 1959 年 8 月 30 日至 1960 年 11 月 15 日，15 篇）在沈阳军区《前进报》首次发表。同月，雷锋在《前进报》发表署名文章《解放后我有了家，我的母亲就是党》。

1961 年 4 月 23 日，雷锋应旅顺海军基地的邀请去作"忆苦"报告，他担任火车安全代表，一刻不停地为乘客服务，类似这样"人到哪里、好事做到哪里"的情况，是雷锋平时生活与工作中的常态。

1962 年春节，雷锋在《前进报》发表《62 年春节写给青年同志们的一封信》。后来雷锋又在《前进报》发表了《在毛主席的哺育下成长》《我是怎样从一个苦孩子成长为毛主席的好战士的》《做毛主席的好战士》等署名文章。

1962 年 2 月 14 日，雷锋被选为党代会代表，出席中国共产党工程兵十团代表大会。1962 年 2 月 19 日，雷锋以特邀代表身份，出席沈阳军区首届共产主义青年团代表会议，并被选为主席团成员并在大会上发言。

雷锋入伍时间不长，收入极为有限，然而，他做到了时时、处处做好事，保持艰苦奋斗的作风，从不乱花一分钱，将节余下来的钱捐助他人和社会，这样的精神是难能可贵的。

五、不幸牺牲：1962 年 8 月 15 日

1962 年 8 月 15 日上午 8 时，雷锋与战友开着汽车载着新棉衣回到连里，在指挥战友倒车时遇突发事故受伤倒地，经中国人

民解放军第 202 医院抢救无效，于当日 12 时 5 分不幸英年早逝，年仅 22 岁。

1962 年 8 月 16 日清晨，抚顺广播电台广播了雷锋因公牺牲的消息。雷锋虽然年轻，但是他的先进事迹已被公众广为知晓，他去世的消息在社会上引起强烈反响，大家深为痛惜。8 月 17 日下午 1 点，"公祭雷锋同志大会"在抚顺市望花区区委礼堂举行。尽管他没有牺牲于战火硝烟的战场，而是殉难于和平时期的执行任务中，然而，他生前的光辉事迹，深深地感动着广大公众。当时只有 70 万人的抚顺，就有 10 万人以上给雷锋同志送葬，这是抚顺市历史上少有的场面。

为了纪念雷锋同志，1963 年 1 月 7 日，中华人民共和国国防部批准命名雷锋生前所在班为"雷锋班"。2 月 9 日，中国人民解放军总政治部发出通知，号召全军迅速开展学习雷锋活动。2 月 15 日，共青团中央发出"关于在全国青少年中广泛开展学习雷锋的教育活动通知"。

1963 年 3 月 5 日，毛泽东主席为雷锋题词，发出了"向雷锋同志学习"[①] 的号召，其后老一辈革命家也纷纷为雷锋同志题词，刘少奇为雷锋题词"学习雷锋同志平凡而伟大的共产主义精神"[②]，周恩来为雷锋题词"向雷锋同志学习，立场鲜明的阶级

① 人民网.纪念毛泽东题写"向雷锋同志学习"54 周年 [EB/OL].（2017-03-05）[2020-11-23]. http://cpc.people.com.cn/n1/2017/0305/c64387-29124395.html.

② 雷锋网.刘少奇题词 [EB/OL].（2016-08-01）[2020-11-23]. http://www.leifengwang.org/h-nd-351.html#_np=169_451.

精神，言行一致的革命精神，无私的共产主义风格，奋不顾身的无产阶级精神"①，邓小平为雷锋题词"谁愿当一个真正的共产主义者，就应该向雷锋同志的品德和风格学习"②。

各有关部门积极推进学雷锋活动，各行各业如火如荼地开展着学雷锋活动，学雷锋活动逐渐变成了一项全民性的活动。文艺界、戏剧界以雷锋为原型进行艺术创作，如大家耳熟能详的歌曲《学习雷锋好榜样》等都是在这一阶段创作的。通过歌曲、话剧等人民群众喜闻乐见的形式，更好地促进了雷锋精神的传播。各类报纸、杂志纷纷发表文章，广泛地宣传雷锋的事迹。1963年3月5日，《人民日报》在第一版刊登毛泽东为雷锋的题词，《人民日报》《中国青年报》先后发表了学习雷锋的宣传文章，《中国青年》杂志也紧随其后发表了系列文章。

通过粗略介绍雷锋短暂的一生，我们可以看到：雷锋的一生深刻反映了新旧社会的"两重天"，旧社会一个孤儿无法生存，新社会青少年有学上、有工作、受到各方面的尊重，开始了幸福生活。党和国家对每个人都给予了关爱，人与人之间的平等和团结得到充分彰显。从雷锋身上的那股劲，可以想象出新中国成立以后，广大人民群众在建设社会主义之中发挥出了冲天干劲。雷

---

① 雷锋网.周恩来题词［EB/OL］.（2016-08-01）［2020-11-23］. http://www. leifengwang.org/h-nd-352.html#fai_12_top&_np=169_451.

② 雷锋网.邓小平题词［EB/OL］.（2016-08-01）［2020-11-23］. http://www. leifengwang.org/h-nd-356.html#_np=169_451.

锋做好事已成习惯，一有空余就寻着做好事，一路奔波一路做好事，工作之余为同事做好事，确实是助人为乐的典范。雷锋经历了许多工作，这些工作都是党和国家急需的，是听从党和国家召唤的结果，无论干什么工作，他都能够做到"干一行、爱一行、干好一行"。

今天的时代条件发生了深刻变化，社会主义制度的优越性愈来愈显现，我们正在向社会主义现代化强国不断迈进，只有社会主义才能救中国的断言，愈来愈被无数事实所证明。在建设社会主义现代化的征程中，人民当家作主的理念与实践必须不断加以弘扬，将人民对美好生活的向往作为中国共产党的根本目标必须坚定不移，为人民谋利益、为民族谋复兴，需要全体人民的共同努力。必须充分发挥榜样的力量，持续将榜样教育作为思想道德建设的重要内涵，使全社会形成尊崇榜样、学习榜样的浓郁氛围，激励社会大众为中国特色社会主义事业共同奋斗。近60年来，雷锋同志作为助人为乐、敬业奉献的杰出典范，影响着一代又一代人。面对新的时代与形势，必须深入探讨如何让雷锋精神进一步发扬光大，让凡人善举的力量与作用更加凸显。

第二章 《雷锋日记》诞生的历史背景

　　无论怎样的历史时期，都需要一种震撼人心的力量，需要英雄模范人物来鼓舞全社会，激起人们奋发向上的精神，具体的社会条件和时代要求会催生不同类别的先进典型。《雷锋日记》的诞生不是偶然的，它所凝聚的雷锋精神是时代的必然产物。

　　建设与发展成为新中国成立之初的两大主要任务，我们是在一片废墟上开展建设的，基础极度薄弱、严重缺少外援、无法与外界正常交往，是新中国面临的严峻现实。必须通过强化精神追求凝聚全中国人民的力量，促进全体人民团结互助、齐心协力，以自己的刻苦努力、艰苦奋斗迎来新中国的不断进步。诚然，助人为乐、敬业奉献也成为重要的时代精神。

一、和平时期：需要召唤雷锋精神凝聚力量

　　新中国成立初期，百废待举，百业待兴。新中国的领导人立足于当时的国情，对政治、经济、文化等方面进行了一系列思考与探索。在国际上，中国不但维护了自身的地位与尊严，还维护了世界地区的和平。在国内，国家的各项事业也在陆续发展，党

和政府大刀阔斧地采取了一系列的措施，努力建设一个新的国家，整个社会充满了热爱祖国、崇敬英雄、艰苦奋斗、团结友爱的氛围，体现出奋进、积极向上的精神，人民在和平安定的环境中建设国家的热情日益高涨。

人民经历了新旧社会的交替，这种鲜明的反差使人们更加珍惜幸福生活的来之不易，投身于新中国的建设有了广泛的积极性，整个社会充满了不忘过去、努力工作的革命激情，这是新中国成立初期社会主流意识形态的重要内涵，形成了人民爱党、爱国家、乐于奉献的思想主旋律。抗美援朝中涌现出黄继光、邱少云、罗盛教等英雄人物，他们身上充满了爱国主义、革命英雄主义、国际主义精神。对这些英雄模范人物事迹的宣传报道，组织巡回报告团深入基层进行报告，把这些英雄事迹编成歌曲、戏曲等形式进行传颂，充分激发了各族人民的爱国主义、革命英雄主义和国际主义精神。

宣传学习榜样的热潮一浪高过一浪，在全国和部队形成了"学英雄、争立功"的浓郁氛围。国内积极投身"抗美援朝、保家卫国"的呼声越来越高涨，大家力争为国家作出更多的贡献。许多没有参军的同志，也把自己的热情投入到新中国建设中，促进了国内各项事业的发展。新中国成立初期工农业生产领域涌现了一批模范人物。如：青岛女工代表创建出一套科学的方法，打破了全国棉纺细纱的新纪录；鞍钢青年工人先后八次改进工具，发明了"万能工具胎"。党和政府充分发扬他们踏实肯干、不畏艰难的精神，激励全体人民努力工作，从而形成良性循环，在各行各业涌现出大量的先进典型。

战争时期与和平时期的先进典型类别是有差异的，抗美援朝中涌现出的先进典型多为战斗英雄，国内和平时期的先进典型多是平凡岗位中作出突出贡献的人物，他们虽然是普通劳动者，但是他们敬业奉献精神对于建设社会主义事业是极其宝贵的，同样值得人们崇敬和学习。

总之，新中国成立初期，经过全党全国各族人民的共同努力，社会风气焕然一新。旧社会那种压迫人、剥削人的观念和习俗逐渐退出历史舞台，旧社会官场腐败现象得到根本改变，党和国家从人民根本利益出发、处处为人民着想，团结友爱、助人为乐的社会和谐氛围正在形成。努力建设崭新的社会主义社会，成为全体人民的奋斗目标，民族的自信心和自尊心随着新中国的国际地位的上升也在逐渐提高，人们的爱国主义精神得到了充分发扬，社会新的风貌在日渐形成。

雷锋就是在这样的社会环境中成长起来的，他受到先进典型的影响，被凡人善举深深感染，在青少年时期刻苦研读马列主义、毛泽东思想，深刻接受共产主义价值观和道德模范人物的先进思想，形成了脚踏实地、埋头苦干、无私奉献等具有时代特点的精神特质。

雷锋出生于旧社会，成长在新中国，感受到新旧社会的强烈反差。他的童年历经各种磨难，他不到七岁就成了孤儿，遭受旧社会的黑暗压迫，过着饥寒交迫的生活，这些在他心里刻下了深深的烙印。在苦难的日子里，是中国共产党向他伸出了双手给予了温暖。新中国成立之后，他读书、工作、参加农业生产和工业建设，后来应征入伍，成为一名解放军战士，这样的经历让他对新旧社会有了鲜明对比，"旧社会劳动人民遭苦难，受尽欺凌、压榨，为剥削阶级当牛作马；新社会工人当家作主，生活、劳动有保障，为解放人类作斗争。旧社会资本家从来不把工人当人看。"[1] 雷锋和万千大众一样，解放前后都是经历着"无家"到"有家"再到"当家"的变化，这也让他深感幸福生活的来之不易，迫切希望通过自己的行动去表达对党、对国家和对人民的感激和热爱。雷锋的事迹充分反映了新中国成立以后人民的精神风貌和实干精神。

雷锋生在旧社会，长在新社会，他时常将新旧社会对比，旧社会中国人民受苦受难，新社会中国人当家作主，这种反差是巨大的。他深知新社会来之不易，因而自觉全身心投入到社会主义建设事业之中。

尽管新中国成立初期经历了"抗美援朝"战争，但是国内总体上处于和平的态势，对饱受战争苦难的中国人民而言，深知和平环境是一切美好生活的基础，人们的幸福、国家的强大需要千千万万劳动者的共同努力。劳动是艰苦的、光荣的，只有拥有了吃苦耐劳的思想准备，才能不知疲倦地持续付出辛劳，才能为把青春献给祖国和人民而深感自豪。

---

[1]　北京人民机器厂铸工车间团支部：《社会主义好!》，《劳动保护》1974 年第 3 期。

二、困难时期：需要高扬信念之帆激励前行

雷锋 1960 年初入伍，在他参军前后的一段时期，中国革命和建设遇到十分严峻的考验，中国的国内和国际形势均步入困难时期。国内方面，反右斗争扩大化、"左"倾思想、"大跃进"运动等影响，加上连年全国范围自然灾害的侵袭，国内形势面临严峻挑战。国际方面，苏联背信弃义，单方面撕毁合同，撤走了在华全部专家，中苏之间的分歧全面公开、不断升级。国内外多种因素的影响，使新中国本来就非常薄弱的经济基础面临停顿、甚至倒退的风险。

在这段时间里，帝国主义亡我之心不死，以美帝国主义为首的西方国家，持续对我国实行经济封锁，我们只能在摸索中前进，困难是非常巨大的。

从 20 世纪 50 年代初开始，美国就对中国实施军事封锁、经济禁运和国际孤立的敌对政策，美国始终认为自己是世界的领导者，带头推销西方价值观念，谋求发挥深远影响，企图"缩短共产帝国主义的预期寿命"①，设立一些机构对我国大搞攻心战，并且还进行"黑色宣传"②，这些都给新中国造成了巨大的压力。

新中国成立初期，我国建设是在外部环境封锁的状态下进行

---

① 杜勒斯：《在美全国新闻俱乐部的演说》(1958 年 1 月 16 日)。见辛灿编：《西方政界要人谈和平演变》，新华出版社 1989 年版，第 3—4 页。

② 杜勒斯在白宫发表的声明（1958 年 10 月 24 日），见辛灿编：《西方政界要人谈和平演变》，新华出版社 1989 年版，第 5—7 页。

的，面对西方国家的封锁、包围与威胁，我国和苏联在外交、政治、文化方面有着紧密的联系，苏联给予中国很多帮助。但是，后来由于多种原因使得中苏之间产生了隔阂。1960 年"布加勒斯特会议"①让矛盾激化，苏联单方面撕毁两国之间的协议，并且在一个月内，撤走在华帮助的所有苏联的技术人员和专家，同时，对中国其他方面也开始不断施加压力，中苏关系逐渐走向恶化。

我国社会主义建设长期坚持独立自主、自力更生的理念与实践，这一方面充分彰显了中国共产党人和全国人民的崇高品格，另一方面也是面临帝国主义封锁和苏联全面撤走专家的必然回答。在这样的条件下，大家铆足了干劲，试图通过高速发展和建设，较快改变"一穷二白"的面貌，从而出现了片面追求纯粹的公有制形式，期盼快速步入共同富裕的格局。这样的出发点和初衷是好的，期盼快速打破封锁、摆脱困境，然而，严峻的现实给了中国共产党人和全国人民以深刻的教训，人们的思想认识水平

---

① 布加勒斯特会议是中苏大论战的开场大戏。苏共二十大后，中苏两党在国际共产主义运动中的路线、策略以及对对方国内政策等几个方面产生了意见分歧。紧接着，中印边界冲突发生后，苏联领导人不问是非曲直，公开指责中国。这样，中苏分歧逐渐公开化了。1960 年 4 月，我党发表《列宁主义万岁》等三篇文章，不指明批评苏共领导人的某些观点，苏共领导人怀恨在心，伺机报复。6 月，赫鲁晓夫策划了几国共产党在布加勒斯特会晤，准备对我党横加指责（中国社会科学网.走向破裂（1960—1963）——中共中央如何面对中苏关系危机 [EB/OL] .（2005-09-19）[2021-02-17] .http://jds.cssn.cn/ztyj/zwgxs/201605/t20160506_3326769.shtml.）

和当时的物质条件远未达到全面实行公有制的要求，全面推行计划经济体制，使人们期盼在市场通过竞争获取资源的意愿，难以转化成有效的经济行为，从而形成了经济效率低下的局面。

"大跃进"运动受挫之后，国民经济遭受巨大的打击，加上连年发生全国性的自然灾害，全国工农业总产值大幅度下降，粮食供应非常紧张，物资较为匮乏，人民的基本生活较难得到保证。在国家面临严重困难的局势下，急迫需要强大的精神力量凝聚全国人民，雷锋即是这种精神力量的杰出代表。雷锋生前是解放军沈阳部队工程兵某部运输连班长，在1962年执行任务中不幸去世，年仅22岁，在他短暂的一生中，虽未做出过惊天动地的伟业，但是他一心为党、全心全意为人民服务的品质是非常了不起的。

雷锋精神是信念坚定的精神。在国家面临巨大困难和受到挫折面前，一些人对共产主义理想、社会主义信念有所动摇，总认为新中国的困难太多、压力太大，是无论怎样努力都难以克服的，有些人的悲观失望情绪不断蔓延。雷锋有着坚定的共产主义远大理想，他对中国共产党领导全国人民在极其艰苦的条件下，战胜各种敌人，建立起新中国有切身感受，他始终认为，只要全国人民共同努力，每个人都有全心全意为人民服务，努力奋斗贡献自己一切的决心和实践，国家的所有困难都是能够克服的，这种信念坚定、乐观向上的精神，在困难的条件尤显难能可贵，学习和发扬这种精神，我们就有了战胜一切困难的基础。

雷锋精神是敬业奉献的精神。在困难面前，等、靠、要不解决任何问题，社会主义只能是干出来的，全国人民都应和雷锋一样"干一行、爱一行"，"钻研一行、干出成绩一行"。"众人拾柴火焰高"，社会主义大厦只能依靠千千万万人民共同努力，面对巨大的困难，更需要弘扬雷锋精神，全国人民拧成一股绳，在各自的岗位上共同努力。

雷锋精神是助人为乐的精神。全国性的困难局面，必然影响到每一个中国人，然而，对一个人口数量为世界第一的大国而言，人与人之间所面临的困难是不一样的，人的贫困程度是有差异的，许许多多人急需得到社会的关爱和他人的援助，雷锋处处关心人、时时帮助人，这种精神在困难时期力量是巨大的。

雷锋精神是勤俭节约的精神。困难时期更需要发扬勤俭节约的良好品质，毛泽东认为："要使我国富强起来，就需要几十年艰苦奋斗的时间，其中包括执行厉行节约、反对浪费这样一个勤俭建国的方针。"[1]雷锋在生活工作中始终保持勤俭节约的良好品质，他积极响应国家的节约政策，收集废旧用品，还自己省吃俭用给人民公社捐款，也因此收到人民群众的感谢信。困难时期，更需要全国人民如同雷锋那样艰苦奋斗、勤俭节约，大家共同努力、共渡难关。

三、建设时期：需要弘扬敬业奉献促进发展

1956年9月，党的八大胜利召开，大会提出"国内的矛盾

---

[1] 《毛泽东文集》第7卷，人民出版社1999年版，第240页。

是人民对于建立先进的工业国的要求同落后的农业国的现实之间的矛盾，是人民对经济变化迅速发展的需要同当前经济变化不能满足人民需要的状况之间的矛盾，解决这个矛盾的办法是发展社会生产力实现大规模的经济建设"①。为此，大会作出了"党和国家的工作重点必须转移到社会主义建设上来"②的重大战略决策，由此中国开始了全面建设社会主义。我们的经济基础十分薄弱，以美国为首的西方国家，把中国对外开放的大门牢牢堵上，我们缺少来自外部的援助，建设新中国只能依靠自身一步一个脚印去探索，只能依靠全中国人民聚力奋斗，依靠集体力量去艰苦攻关，在这样的背景条件下，弘扬雷锋精神是极具意义的。

响应党和国家号召，党叫干啥就干啥，"做一颗永不生锈的螺丝钉"，在本职岗位上作出卓越贡献，这些理念和实践极具价值。我国的社会主义建设，较少有现成经验可借鉴，是在不断探索中发展的，即使是需要多少生产行业、工作种类，每一种行业、种类需要多少人从事，这样的具体问题也在不断尝试之中，如果片面强调"爱一行、干一行"，既和计划经济的总格局不符，也难以在全国范围内凝聚力量、合力攻关，在当时的条件下，强调国家需要是非常有必要的。

---

① 摘自人民网.中国共产党历次全国代表大会数据库——中国共产党第八次全国代表大会关于政治报告的决议 [EB/OL].http://cpc.people.com.cn/GB/64162/64168/64563/65374/index.html.

② 摘自人民网.中国共产党历次全国代表大会数据库——中国共产党第八次全国代表大会关于政治报告的决议 [EB/OL].http://cpc.people.com.cn/GB/64162/64168/64563/65374/index.html.

雷锋从小要求进步，从步入工作岗位以后，做过许许多多工作，真正做到了干一行、爱一行，钻研一行、干好一行，号召全国人民学习这种精神，整个社会的工作态势就会呈现向上、向好的局面，社会面貌一定会日新月异。

雷锋的可贵之处在于，能够把自己的兴趣爱好和祖国的需要高度融合起来，永远以良好的精神风貌、刻苦钻研的精神努力工作。他深知兴趣是可以培养的，国家建设需要千百个不同岗位，每个岗位都需人去做，在任何岗位工作都应该有出色的成绩，哪里需要我就应该到哪里去。由此出发，他在工作时是愉快的、努力的，从而为干好工作奠定了最为坚实的基础。号召全国人民学习雷锋的"螺丝钉"精神，让各行各业都有人去做并努力做好，社会主义建设步伐就会越来越快。

分析《雷锋日记》诞生的历史背景，有助于让大家感受雷锋精神的不易和重要，体察到新中国成立之初国家建设面临的诸多困难，感受到中国共产党的伟大和正确。应该看到，中国共产党领导全国人民不畏艰难，不断奋进，创造了人间奇迹；雷锋精神集中代表了中国人民的精气神和意志力，这是战胜一切困难的动力源。当下，时代条件发生了根本变化，然而，困难总会有的，必须永远具备不折不挠的精神，不断奋斗，夺取一个又一个胜利。

第三章 《雷锋日记》展现的精神内核

　　根据湖南省雷锋精神研究会对 500 名中小学生的问卷调查发现：认为雷锋是影视明星的占 17%；认为雷锋是解放军战士的占 58%；认为雷锋是科技工作者的占 5%；认为雷锋是战斗英雄的占 17%。① 不少"90 后""00 后"可能没读过《雷锋日记》，不了解雷锋的先进事迹。毕竟雷锋已离开我们近 60 年，他所处的时代和当下有着诸多不同，尤其是随着改革开放的逐步深入，人们的自主意识不断增强，雷锋精神在当代的意义和价值，必然会不断引发深思甚至争论。

　　事实上，"雷锋"已逐渐从一个人名、一种人生道路，升华为一种精神象征与文化符号。"雷锋"两字所代表的不单单是"有灵魂、有本事、有血性、有品德"的人格，也体现出当代世人对真善美、对和谐共生的向往。《雷锋日记》集中体现了雷锋的成长历程和思想轨迹，我们认为雷锋精神是"信念坚定、志愿服务、敬业奉献、持之以恒"，它展现的精神内核主要包括以下四个方面。

---

① 陶克：《告诉你一个真实的雷锋》，《中国青年》2013 年第 6 期。

一、道德信念：忠于共产主义事业的人民战士

信念是情感、认知和意志的有机统一体，是人们在一定的认识基础上确立的对某种思想或事物坚信不疑并身体力行的心理态度和精神状态。理想信念是一种坚不可摧的力量，是共产党人走向胜利、走向辉煌的精神保障。共产主义信念既体现了科学的理论品质和崇高的价值追求的统一，又彰显了现实目标与终极理想的辩证统一。① 共产主义信念自产生以来，深入亿万无产阶级和先进分子的内心，引发了为人类解放而献身的崇高感情，创造了可歌可泣的崇高业绩，涌现出无数值得人们敬仰的英雄人物，信念坚定是雷锋精神的重要内涵。

雷锋出生在旧社会，不满 7 岁就成了孤儿，经历了旧社会的种种不幸和苦难，对给了他幸福生活的党和国家充满了感情。特别是从 1958 年开始，雷锋同志坚持阅读毛主席的相关著作，1960 年，雷锋同志光荣地加入了中国共产党，中国共产党自成立之日起，就一直把实现共产主义作为最高理想和最终目标，要求每一位共产党员都要全心全意为人民服务，甚至不惜牺牲个人的一切，为实现共产主义而奋斗终身。雷锋是信念坚定的中国共产党党员，他时时处处以中国共产党的宗旨严格要求自己，真正做到了全心全意为人民服务。

正如雷锋在日记中写道："我是一个共产党员，是人民的勤

---

① 程芳薇：《论雷锋精神的当代价值》，吉林大学，2014 年，第 19 页。

务员。为了党和人民的事业，就是入火海，进刀山，我甘心情愿，头断骨粉，身红心赤，永远不变"①"个人和集体的关系，正像细胞和人的整个身体的关系一样，当人的身体受到损害的时候，身上的细胞就不可避免也要受到损害。同样的，我们每个人的幸福也依赖于祖国的繁荣，如果损害了祖国的利益，我们每个人就得不到幸福！"②"党像慈母一样，哺育着我长大成人。是党给了我生命；是党给了我幸福；是党给我指出了前进的方向；是党给我开辟了前进的道路；是党给了我前进的力量；是党给了我一切"③。

雷锋同志在日记中的点滴言语鲜明表现了其共产主义世界观、人生观和价值观，展现他对党和国家的无限深情和对共产主义事业的坚定信仰。坚定的共产主义信仰是雷锋精神保持先进性的本质属性，也是雷锋同志鞠躬尽瘁、前仆后继的精神支撑和动力源泉；坚定的共产主义信仰，引导、激发雷锋同志艰苦创业、全心全意为人民服务；坚定的共产主义信仰激励着雷锋同志无论在顺境抑或逆境始终保持积极、乐观、向上的精神面貌。他一生把实现共产主义作为人生的最高理想，因为共产主义是人类最美好的东西，所以在短暂的一生中，雷锋产生了比一般人更为强烈的为实现共产主义而献身的愿望，保持着比一般人更为持久的前进动力和奋斗精神。

---

① 亦青编著：《雷锋日记》，湖南少年儿童出版社 2004 年版，第 14 页。
② 中共哈尔滨市委宣传部：《雷锋日记》，哈尔滨出版社 2012 年版，第 125 页。
③ 中共哈尔滨市委宣传部：《雷锋日记》，哈尔滨出版社 2012 年版，第 106 页。

作为一名共产党员，一名战士，他时刻牢记自己的共产主义使命，共产主义理想。他一生的行为全都是为实现这个愿望，化理想为行动，其行动终凝聚成精神。他的理想信念，反映了社会主义朝着共产主义方向不断发展和进步的趋势，他坚定的信仰和美好的品质也反映出共产主义者的品德。就正如邓小平曾经指出："谁愿当一个真正的共产主义者，就应该向雷锋同志的品德和风格学习。"① 有什么样的价值观念就会有什么样的行动。雷锋在其短暂而又不平凡的一生中，正是为着实现这个"最高理想和最终目标"而努力。所以他始终坚持把自己的命运同党和人民的事业紧紧联系在一起，克服困难不惧挫折，"坚决听党的话，一辈子跟党走"，时刻保持共产党员的政治本色。

二、道德传承：中华民族传统文化的时代体现

中国数千年"德治"传统所积淀的深厚道德意识熏陶了这个文化氛围之中的每一个人，道德是文化的重要组成部分，是文化的筋骨，也是文化的内核。雷锋精神不是无源之水，在其形成过程中带有中华民族传统思想文化的烙印，它的孕育和产生深深根植于中国优秀传统文化之中。

中华民族绵延5000多年，在历史长河中形成了许多人与人关系、人与社会关系和人与自然关系的"智慧结晶"，如"仁爱孝悌、谦和好礼、诚信知报、精忠报国、克己奉公、修己慎独、

---

① 刘亚洲：《我们应该怎样学习雷锋》，《解放军报》2013年3月6日。

见利思义、勤俭廉政、勇毅力行"等。儒家经典《大学圣经》中说："身修而后家齐,家齐而后治国。"[1] 我们分别从"修身""齐家""治国"的三个方面阐述雷锋精神。

雷锋精神根植于中华民族传统文化之中,中国数千年"德治"传统所积淀的深厚道德意识熏陶了这个文化氛围之中的每一个人,也深深地在雷锋精神中打下了烙印。[2] 雷锋精神广泛地吸纳了诸如"克己奉公""舍生取义""仁者爱人""天下兴亡,匹夫有责""己欲立而立人,己欲达而达人""鞠躬尽瘁,死而后已"等民族美德和价值观。[3] 无论走到哪里,雷锋就把好事做到哪里,把爱心撒到哪里,把温暖送到哪里,以信念坚定、助人为乐、敬业奉献、持之以恒为内涵的雷锋精神,与中华民族"天下兴亡,匹夫有责""位卑未敢忘忧国""苟利国家生死以,岂因祸福避趋之"的爱国传统相一致,与中华民族倡导的扶危济困、守望相助、民胞物与、仁者爱人的思想相一致,与中华民族遵行的敬业乐群、恪尽职守的情操相一致,与中华民族提倡的因时而变、与时偕行、自强不息、革故鼎新的理念相一致,与中华民族坚守的"成由节俭败由奢""艰难困苦,玉汝于成""民生在勤,勤则不匮"的古训相一致。[4] 雷锋精神既是在中华优秀传统文化的滋养和哺

---

① (宋)朱熹撰:《四书集注》,岳麓书社1987年版,第6页。
② 金亚平:《雷锋精神思想溯源与当代启示》,湖南师范大学,2014年,第12页。
③ 符惠明:《民族精神的科学内涵及其基本功能》,《理论探讨》2005年第6期。
④ 中国文明网.雷锋精神是永恒的[EB/OL](2018-5-18)[2020-10-24].
http://www.wenming.cn/zyh/tsyj/201805/t20180502_4673233.shtml.

育下成长，更是对优秀传统文化的创造性转化和创新性发展。

中国传统美德中"修身"是指个体修身养性、自我约束。古言有云"志存高远""吾日三省吾身""天行健，君子以自强不息"等，强调通过修养使个体具备美德。同时，儒家哲学强调"入世"，认为人们在加强自我道德修养的同时要积极回报社会，并以此作为衡量人生幸福的价值标准，这种人生观和价值观已深深地烙在每个中国人的心理层面，历史上也深深镌刻着那些乐观进取、自强不息的人物和事迹。

雷锋本人十分注重个人品德的修养，虽然出生贫苦农家、幼年成为孤儿，但他从小就立下远大志向，特别是有了学习机会之后，他孜孜不倦地从毛泽东著作中汲取营养，在火热的社会生活不断锤炼自己，处处严格要求自己，时常反思自己的思想和行为。雷锋同志的一生是短暂的一生，但也是乐观进取、自强不息的一生，旧社会的苦难没有使他丧失斗志，反而促使他在新社会学会努力奋斗：上学时刻苦求学；当公务员时勤恳工作；在鞍钢吃苦耐劳，当推土机手时技术过硬多次被评为先进，还申请去到最艰苦的地方贡献力量；参军后更是苦练驾驶技术和杀敌本领。[1] 中华民族传统美德中关于"修身"的要求，深深植入雷锋的基因之中。

"齐家"本义是指一个人在家庭中应具有的相应美德，主要

---

[1]　金亚平：《雷锋精神思想溯源与当代启示》，湖南师范大学，2014年，第13页。

包括勤俭持家、团结友爱、尊老爱幼等。① 雷锋自幼是个孤儿，在他有生之年也没有组成新的"小家庭"，然而，他在日记中明确指出"我是党的儿子，人民的勤务员，我走到哪里，哪里就是我的家"②。雷锋努力将"齐家"思想发扬光大和升华。儒家主张"仁者爱人"，孔子提倡"己所不欲，勿施于人"，孟子提出"老吾老，以及人之老；幼吾幼，以及人之幼"。中国传统文化主张人们用"仁爱"之心去尊重、理解、关心、爱护和帮助人，这种人性美德，逐渐凝聚成与人为善助人为乐的互助精神。他在日记中写道："对同志要像春天般的温暖，对工作要像夏天一样火热。"③ 背同学过河，帮生病同学补习；在鞍钢照顾女同志，把自己的棉衣送给衣衫单薄的老大爷；在部队从生活和工作上都悉心帮助战友，帮助乔安山学习进步，给战友缝补被子，把自己的午饭让给没带饭的战友吃；把自己的手套送给老奶奶，在暴雨中送妇女和小孩回家，在火车上做好事等。爱于心，见于行，雷锋的确像"一团火"，有一分热发一分光，处处散发着与人为善、助人为乐的灼灼光辉。

中国传统美德要求人们自觉地把"忧国忧民""公而忘私"等当作人生追求和公民责任，中华民族历史上涌现出许多爱国志士，他们刻骨铭心的爱国情感、矢志不渝的报国志向、生死不移的爱国行为，无不感人肺腑，人人颂赞、代代相传；他们将民族

---

① 金亚平：《雷锋精神思想溯源与当代启示》，湖南师范大学，2014年，第13页。
② 中共哈尔滨市委宣传部：《雷锋日记》，哈尔滨出版社2012年版，第113页。
③ 雷锋：《雷锋日记诗文选（1958—1962）》，战士出版社1983年版，第18页。

大义放在个人利益之前，先国家后小我、先集体后个人，所以范
仲淹的"先天下之忧而忧，后天下之乐而乐"，顾炎武的"天下
兴亡，匹夫有责"才为人民大众所肯定，进而成为千古传颂的名
言佳句。雷锋同志对党和国家无限的热爱与忠诚，正如他在日记
中写道："为了党，我愿洒尽鲜血，永不变心。"①"我们是国家的
主人，应该处处为国家着想，事事要精打细算。"②从这些朴实的
话语中不难看出，雷锋同志具有深厚的爱国主义情怀与公而忘私
的奉献精神，他以国家、集体和人民利益为重，他坚信人的生命
是有限的，而为人民服务是无限的，这种纯洁无私的人生追求，
是雷锋发自肺腑的表达，是对传统美德的继承、丰富和发展。

三、道德行为：为祖国为人民奉献一切

"听党的话、服从命令听指挥，党指向哪里，我就冲向哪
里。"③"我要做一个有利于人民、有利于国家的人。如果说这是
'傻子'，那我甘心愿意做这样的'傻子'。"④ 在他的日记里，字
里行间体现出对中国共产党、对社会主义祖国的无限热爱和对为
人民服务的执着追求。他的爱党爱国爱人民情怀，不仅记录在他
的日记中，更是体现在他为党和国家的事业努力奋斗的具体行

---

① 雷锋：《雷锋日记诗文选（1958—1962）》，战士出版社 1983 年版，第 87 页。
② 雷锋：《雷锋日记诗文选（1958—1962）》，战士出版社 1983 年版，第 38 页。
③ 雷锋：《雷锋日记诗文选（1958—1962）》，战士出版社 1983 年版，第 12 页。
④ 雷锋：《雷锋日记诗文选（1958—1962）》，战士出版社 1983 年版，第 17—18 页。

动上。

雷锋自觉把个人前途命运与国家社会的前途命运紧密联系在一起。党号召要兴办农业，他就主动申请去到农场驾起拖拉机；国家要加强工业建设，他就积极报名去鞍钢当一名好工人；党号召青年入伍，他经过不断努力和多次恳求，终于参军到部队。雷锋始终怀着一颗火热的赤子之心，将国家利益、集体利益看得高于一切、重于一切、大于一切，用自己的实际行动践行了"忠于革命，忠于党"。

雷锋始终自觉与人民群众联系在一起，全心全意为人民服务的理念始终贯穿他的一生，体现在他的一言一行之中。雷锋在读完《毛泽东选集》后说道："我觉得要使自己活着，就是为了使别人过得更美好。"[①] 他也常说："把有限的生命，投入到无限的为人民服务中去。"直到牺牲的前几天，他还在努力解答永恒的人生问题："我活着是为了全心全意为人民服务。"[②] 他没有什么惊天动地的壮举，却在平凡中书写了伟大。连队内，雷锋以小周的名义给家里写了信又寄去 10 元钱、把自己帽子的内里拆下来一针一针地为战友补裤子、帮助炊事员洗白菜、把营房周围、室内室外打扫得干干净净等，处处体现对战友的无私关怀。连队外，雷锋同样闲不下来，只要碰到有需要帮助的，就立刻伸出援手、两次捐款、主动推车运砖、主动帮列车员打扫卫生、给旅客

---

① 雷锋：《雷锋日记诗文选 (1958—1962)》，战士出版社 1983 年版，第 60 页。
② 雷锋：《雷锋日记诗文选 (1958—1962)》，战士出版社 1983 年版，第 89 页。

端茶倒水、给丢了车票和钱的陌生人买车票、给老人拎包袱、送大娘回家……

四、道德力量：凡人善举的杰出典范

习近平总书记指出："雷锋精神是永恒的，是社会主义核心价值观的生动体现。"① 雷锋精神的永恒性在于雷锋始终把"为人民服务"当作自己的价值追求，虽然是个平凡人，但是他把凡人善举进行到底，成就了一个不平凡的人生。

志愿服务是文明社会不可或缺的部分，主要是指个体自愿贡献时间和精力，在不为物质报酬的前提下，为推动人类发展、社会进步和社会福利事业而提供服务的活动。

雷锋精神与志愿服务精神具有内在一致性。他曾说过："吃饭为了活着，可活着不是为了吃饭。我活着是为了全心全意为人民服务。"② 他也用一生的行动践行了"要把有限的生命投入到无限的为人民服务之中去"。在雷锋身上体现出的正是将人民的利益放在首位、以人民为中心、无私奉献的价值理念。志愿服务通常是志愿者们在做好本职工作的前提下，出现在社会最需要的地方，利用宝贵的个人时间有组织地去为人民服务。二者都带有鲜明的公益性，其服务也都是以最广大人民群众为对象，站在最广大劳动人民的立场上，将人民对美好生活的向往作为价值目标。

---

① 陶克：《雷锋精神是永恒的》，《解放军报》2014 年 3 月 13 日。

② 雷锋：《雷锋全集》，华文出版社 2003 年版，第 103 页。

　　各个国家和民族对自愿服务都有自己的解读和表达，要在国际社会提高中国志愿服务的影响力，就必须发出中国声音、讲好中国故事、体现中国特色。雷锋精神是志愿服务中国表达的重要内涵，雷锋以其助人为乐、无私奉献、全心全意为人民服务的生动实践出色地阐释了中国志愿服务的内涵与本质，弘扬并将雷锋精神作为我国志愿服务的灵魂，对于提升中国特色志愿服务在国际舞台上的话语权和影响力，有着非常重要的意义。

　　新时代志愿服务应该以雷锋精神为引领。2019 年 7 月 24 日，习近平总书记在给中国志愿服务联合会第二届会员代表大会的贺信中指出："希望广大志愿者、志愿服务组织、志愿服务工作者，立足新时代、展现新作为，弘扬奉献、友爱、互助、进步的志愿精神，继续以实际行动书写新时代的雷锋故事。"① 中国共产党是以人民为中心的政党，雷锋精神是新时代服务人民的鲜活形式与大众化表达，只有坚持以雷锋精神为引领，建立学雷锋志愿服务常态化机制，树立学雷锋志愿服务先进性榜样，才能有效推动志愿服务向专业化、社会化发展，让雷锋精神引领志愿服务在中国大江南北遍地开花结果，香飘千里。

　　雷锋历经拖拉机手、推土机手、公务员、鞍钢工人、运输连汽车兵等诸多平凡的岗位，"做一颗永不生锈的螺丝钉"的职业信念是雷锋成为爱岗敬业、勇于奉献的典型代表。

---

① 新华网：《习近平致中国志愿服务联合会第二届会员代表大会的贺信》[EB/OL].（2019-07-24）[2020-09-23]. http://www.xinhuanet.com/politics/leaders/2019-07/24/c_1124792815.htm.

激情是一种强烈的情感表现形式，人在激情的支配下，往往能调动出潜在的能力，发挥出平时无法发挥出的水平，激情是成就事业的无形动力。雷锋曾说，"对待工作要像夏天一样火热"[1]。回顾他22年的短暂生涯，雷锋曾经在乡政府当通信员，年年受奖；在农场开拖拉机，连获优胜；在鞍钢当推土机手，多次当劳动模范；在部队做汽车兵，被评为技术标兵。在每一个平凡的岗位上，他都以火热的激情投入工作，对自己每一份工作都无比的热爱。他总是想："我要积极肯干，做到说干就干，干就干好，顺利时干得欢，受挫折时也要干得欢。"[2] 可见，雷锋已经将对工作的热爱之情融入骨髓之中，进而转化为自己的人生信条。

除了怀着对工作的无限热情，踏踏实实地做好每一份工作之外，雷锋还特别讲究用心、用脑去干。雷锋认为一个人的作用对革命事业来说就好比机器上的一颗螺丝钉，"螺丝钉虽小，其作用是不可估量的。我愿永远做一颗螺丝钉。"[3] 雷锋在鞍钢当工人时，虽然个子矮小，却可以半蹲着身子把吊车开得最好；在部队当司机时，虽然文化程度不高，却可以把出名的"油老虎"改造成节油标兵车。凡做一件事，便专注于一件事，充分发挥钉子的"挤劲"和"钻劲"，兢兢业业、精益求精，努力使自己成为本职岗位的行家里手、模范标兵。

---

① 中共哈尔滨市委宣传部：《雷锋日记》，哈尔滨出版社2012年版，第30页。

② 邢华琪：《雷锋全集（珍藏版）》，华文出版社2012年版，第3页。

③ 雷锋：《雷锋日记诗文选（1958—1962）》，战士出版社1983年版，第77页。

虽然雷锋只上过小学，但是他锐意进取、自强不息，愿意为提升自己而不断努力学习。无论是做公务员，当农民、工人，还是战士，他都不放弃任何学习的机会，他不仅从书本中获得知识，提升自己的理论水平，还注意从实践中学习掌握新知识新技术。在鞍钢工作时，他要求自己每天早晚各学习一小时；到部队后，由于是在运输连，整天驾驶汽车，他就把书随身携带，一有时间就看；熄灯以后，为了不影响其他同志休息，他就到工棚、停车场等地方去看书。雷锋已然将读书学习当作精神追求及生活的必需品，从中不断地吸取营养与智慧，特别是在学习毛主席著作时，雷锋还钻研出一套特有的学习公式：问题—学习—实践—总结；一套独有的学习方法：站在历史的角度，着眼于分析毛主席的立场、观点、方法①。将好学的态度和良好的学习方法高度融合，从而使学习效果大为增强，良好的学习效果进而催生丰硕的工作成果。

中国共产党执政以后，在建设社会主义的进程之中，不断选树、宣传榜样，雷锋是千万个榜样中影响力大、传播时间长的典型代表。中国共产党人代表最广大人民群众的利益，能够统揽全局、审时度势，带领全国人民不断从一个胜利走向另一个胜利，其重要原因之一是，始终绷紧思想政治教育这根弦，能根据不同的历史时期、不同的社会条件推出榜样，号召全国人民向榜样学

① 中共哈尔滨市委宣传部：《雷锋日记》，哈尔滨出版社2012年版，第64页。

习，以此凝聚全中国人民的力量，向着既定目标奋勇前进。历史的经验告诉我们，无论社会条件怎样变化，我们都应坚持开展榜样教育。

通过对《雷锋日记》记录的雷锋精神简要剖析，我们可以感受到雷锋精神具有先进性、传承性、永恒性特征。雷锋是中国共产党的优秀党员，他的所作所为体现了共产党人的高贵品质，正是由于千万个雷锋全心全意为人民服务，才使中国人民生活不断改善，中华民族强力走向复兴，充分肯定雷锋精神，必然会强化唯有中国共产党才能救中国的坚定信念。

中华民族有着家国情怀的传统，对"先天下之忧而忧，后天下之乐而乐"的先进典范，人民一直给予高度肯定、世代传颂，这是民族凝聚力的生动写照。雷锋从事平凡工作，行为贵在持续不断为祖国和人民做好事，对雷锋精神的发扬光大，既建立在弘扬中华优秀民族传统文化基础之上，又体现了新中国人人平等，充分尊重、关爱普通劳动者的本质特征。

雷锋精神是永恒的，无论社会怎样变化与发展，人和人之间总有着先进与落后、善良与缺乏同情心的差异，社会永远需要榜样的力量，以此助推社会积极向上，信念坚定、助人为乐、敬业奉献、持之以恒永远值得颂扬。

第四章 《雷锋日记》体现的行为动因

《雷锋日记》是雷锋自 1958 年 6 月至 1962 年 8 月 10 日期间所写日记的合集，雷锋同志去世后，由原沈阳军区《前进报》社等组织整理 ①。《雷锋日记》是雷锋思想最直接的反映，也是我们了解雷锋最直接的方式。

马克思主义坚持认为，人的行为既受社会条件的制约，又受社会环境的导引，考量人行为的道德属性和道德程度，也应该具有这样的观点。无论是何种性格特质的人，都有着向善、从善的"基因"，外部世界的强烈刺激，无时无刻不冲击、影响着人们的价值取向，从道德视域理解人与社会的应当，不应该成为脱离社会环境的独立存在的"特区"，它主要是指人在各种社会因素刺激下形成的逐渐固化的反应。马克思主义强调的辩证法又告诉我们，每个人对同样的社会环境刺激，回应是不一样的，主观能动性是行为差异性的重要原因，完全排斥人与人之间的主观判断差

① 乔德芳、刘丽萍：《历久弥新的〈雷锋日记〉》，《解放军报》2019 年 3 月 9 日。

异，也是经不起推敲的，和诸多人的行为差异性缘由所背离的。对于同样接受社会和他人援助的人，常常会有着截然不同的表现，少数人被称为没有"良心"的人，更多的人被赞为懂感恩的人，这两类人的前期社会环境刺激和生活条件会有着诸多差异，从而奠定了他们之间的价值观念和行为有着重大分歧基础，每个人对他人的援助感受不同，也是产生差异的原因。总之，人的行为背后的动因是复杂的，它根本上受社会环境的深刻导引和制约，每个人对社会条件又有着自己的理解和判断，由此形成了丰富多彩的、各不相同的人生，人的行为的动因是多元的，道德行为的动因也是多元的。

在改革开放以后，随着社会主义市场经济逐步深入，信息智能时代快速到来，社会既有着根据时代特征不断弘扬雷锋精神的良好态势，也有着怀疑雷锋精神和雷锋精神过时的杂音。让雷锋精神真正深入人心，成为新时代社会进步和向上的重要动力源，必须深度挖掘雷锋行为的动因，从而体现雷锋行为的真实性、崇高性，让全体公众在新时代自觉践行雷锋精神。

一、对党和祖国的感恩之心

感恩是雷锋精神产生的原动力①。感恩（gratitude）源于拉丁字根"gratita"，有优雅、高尚、感谢之意。在《现代汉语词典》

---

① 蒋晓侠：《雷锋精神的历史考察》，首都师范大学，2014年，第35页。

中解释为"对别人的帮助表示感激"①。感恩是人类思想发展历程中具有悠久历史的优秀品质与美德行为，中国素来崇尚有恩必报，《三国志·吴志·骆统传》中载有"飨赐之日，可人人别进，问其燥湿，加以密意，诱谕使言，察其志趣，令皆感恩戴义，怀欲报之心"。现代西方心理学界认为：感恩是一种道德情感，个体在受到别人恩惠后会产生感激之情，这种情感会促使个体亲社会行为的产生，进而形成良好的人际关系②。也就是说个体在得到他人帮助从而体验到感恩情绪时会激发其回馈行为的利他性行为动机，不仅使个体愿意帮助施助者，而且也愿意帮助与自己无关的陌生人，从而提高个体的幸福感③。

1940年12月18日，雷锋出生于湖南望城县一个贫农家庭，不到七岁就成了孤儿，日寇的侵略暴行、旧社会的黑暗压迫，让他和像他一样的旧中国家庭过着饥寒交迫的生活，饱尝旧社会的苦难和痛苦，在雷锋幼小的心灵里留下沉重的烙印。新中国成立后，党和政府让他拥有了读书的机会、当公务员、参加农业生产和工业建设、应征入伍成为一名"解放军"战士等，这些经历让雷锋产生了强烈的感恩意识，感恩党和政府让他从"无家"到"有家"再到"当家"，"这种朴素的感恩意识的生成与积淀，为雷锋

---

① 《现代汉语词典》，外语教学与研究出版社2002年版。

② McCullough, M.E., Emmons, R.A., &Tsang, J.（2002）.The grateful disposition:A conceptual and empirical topography. Journal of Personality and Social Psychology, 82:112-127.

③ 蒋晓侠：《雷锋精神的历史考察》，首都师范大学，2014年，第35页。

的成长提供了动力。"①

　　雷锋对党和政府的感恩并不是仅仅停留在思想意识上或口头上的"表决心"，而是把它变为具体的道德实践——报恩。通过刻苦学习毛主席和马列主义著作，深刻理解了中国共产党的根本宗旨和社会主义的本质属性在于全心全意为人民服务。对他来说，感恩报恩不是牺牲与痛苦，而是意味着获得与幸福，是生命的真正意义和价值所在。所以，从湖南到鞍山，再到抚顺，从农场职工、工厂工人，再到解放军战士，雷锋心里永远装着他人：听说人民受灾，就毫不犹豫地拿出自己的"巨额存款"捐献出去；听说战友家庭困难就偷偷往战友老家里寄钱……这些伟大的报恩实践使其成为无私奉献的典范。

　　历史唯物主义认为"人民群众是历史创造者"②，为人民服务是中国共产党基于历史发展规律高度所进行的自觉价值选择，雷锋始终牢记并不断提高为人民服务的能力和本领，努力做到让人民群众受益、让人民群众满意，这是贯穿雷锋精神价值导向的一条主线。在中国特色社会主义事业的推进过程中，人民群众是这项事业的创造主体，同时也是发展主体和享有主体，必须始终要把人民放在心中最高位置。正如雷锋所言："凡是脑子里只有人民、没有自己的人，就一定能得到崇高的荣誉和威信；反之，如

---

① 张德育：《论雷锋感恩意识的生成与超越——雷锋成长过程探析》，《南京政治学院学报》1990 年第 3 期。
② 求是网．为什么说人民群众是历史的创造者？[EB/OL]（2015-9-16）[2020-10-15]．http://www.qstheory.cn/wp/2015-09/16/c_1116584713.htm.

果脑子里只有个人、没有人民的人，他们迟早会被人民唾弃""人的生命是有限的，可是，为人民服务是无限的，我要把有限的生命，投入到无限的为人民服务之中去"①。唯有这样，我们才能实现人生的最高价值，也才能使自己的生命焕发出永恒的光彩。

在雷锋高尚行为所有动因之中，感恩处于重要和关键的地位，雷锋对新旧社会的强烈反差，有着深刻的切身体会。中国共产党领导全国人民浴血奋战，就是为了彻底改变国家落后、人民贫穷的状况，新中国让所有人都有了奔头、看到了光明的前景。雷锋自身的强烈变化，不断冲击着他的心灵，我要为祖国和人民多做事，以实际行为回报祖国和党的恩情，已成为雷锋的座右铭。

我们学习雷锋精神，就是要充分肯定雷锋的明辨是非，能够在纷繁复杂的社会现象中，理出关键和根本。他深刻相信，只有中国共产党的正确领导，才能使人民幸福，才能使中华民族不断走向强大。这种判断和概括事物本质的能力，是行为有着正确动因的基础，雷锋经历了从切身感受升华到对社会本质认识的过程，他首先有着这样的体会，新旧社会有着强烈反差，后来逐渐认识到，中国共产党领导全国人民奋斗必然取得伟大胜利，从而形成努力工作回报社会的行为自觉。

今天，社会和雷锋所处的时代相比较要纷繁复杂许多，人们的文化水平、能力条件都较以往有了较大提升，然而，雷锋通过现象看本质，深刻感受党的光辉和正确，有着铁一般的对党和社

---

① 中共哈尔滨市委宣传部：《雷锋日记》，哈尔滨出版社 2012 年版，第 91 页。

会主义的坚定信念，下定决心通过自己的实际行为回馈社会的意志，是永远值得我们学习的，这是雷锋精神永放光芒的根本原因。

二、投身新中国建设的炽热之情

雷锋出生于抗日战争时期、经历了解放战争时期，旧中国的惨痛与屈辱，受尽地主的剥削与压迫，加上亲人先后离世，这些都给雷锋的心灵打上了深深的烙印。随着新中国的成立，特别是 1956 年"三大改造"完成，我国社会主义制度正式确立，社会各个层面都发生了翻天覆地的变化：劳动人民当家作主，以公有制为基础的集体经济建立，全国人民激情高涨地投入到建设社会主义的事业中，整个社会充满了克勤克俭、集体主义、赶超先进、团结友爱的社会主义风气。雷锋也不例外，正是在这样的时代气息熏陶下茁壮成长，新旧社会的鲜明对比，更是激发了他要将自身的奋斗目标与国家发展的需要同向同行，要通过自己的努力奋斗去回馈党和国家的雨露之恩。

1949 年新中国成立以后，长期的战乱使得国家元气大伤，发展经济的基础极为薄弱，可谓"一穷二白、百废待兴"，为了实现由农业国向工业国转变的发展目标，新中国并没有沿用其他国家从轻工业起步的工业化道路，而是采取了重工业起步的超常规道路，实行"在重工业优先发展的条件下，工业和农业并举"①

---

① 王鲁宁、李志衡、崔革新：《中国工业化道路思想的探索和发展》，《理论学刊》1995 年第 2 期。

的发展战略，先后实施了以"156项重点工程"为核心的近千个工业项目，"鼓足干劲，力争上游，多快好省地建设社会主义"的社会风气激励着雷锋要在自己平凡的工作岗位上发光发热，为祖国的建设贡献自己的一份力量。一是发扬勤俭节约、艰苦奋斗的传统美德。在艰苦的条件下，雷锋响应国家节约的号召，处处精打细算，如"亲手制作'百宝箱'用于收纳他拾捡到的各式各样的东西，部队发放衣物只领一套、补丁打了又打，拉水泥过后车上落下的水泥灰他也会收集起来……"① 充分发扬了革命年代艰苦创业、勤俭建国的优良传统。二是爱岗敬业，做到干一行爱一行，专一行精一行。雷锋认为一个人的作用固然是渺小的，正如机器上的一颗螺丝钉，但是高楼大厦也是由一砖一石垒积起来的，他愿永远做一颗永不生锈的"螺丝钉"。同时，"钉子有两个长处：一个是挤劲，一个是钻劲。我们在学习上，也要提倡这种'钉子'精神，善于挤和善于钻"② 。通过在平凡的岗位上爱岗敬业、刻苦钻研，有效促进了雷锋思想的不断进步。

社会主义建设是一项浩大的工程，全社会热情高涨地投入到建设社会主义的事业中，这在当时的发展基础和社会背景下是有极大意义的。面对艰苦的时代背景，社会上需要帮助的人很多很多，雷锋与人为善、助人为乐的精神价值得到充分彰显。一方面

---

① 金亚平：《雷锋精神思想溯源与当代启示》，湖南师范大学，2014年，第9页。
② 雷锋：《雷锋日记诗文选（1958—1962）》，战士出版社1983年版，第59页。

先人后己、与人为善，全心全意地帮助别人。"把自己省吃俭用积攒下来的钱捐给公社和政府，支援公社建设和救灾，战友家里遇到困难他以战友的名义寄去自己的津贴，用自己的钱给丢了火车票的大嫂买票，把自己的饭让给没有带饭的战友吃，给战友缝洗被子……"① 另一方面克己奉公、一心为民，全心全意为人民服务。雷锋在读完《毛泽东选集》后最深的感受是懂得了怎样做人和为谁活着，他说："我觉得自己活着，就是为了使别人过得更美好"②，直到牺牲的前几天，他还在努力解答这个永恒的人生问题："我活着是为了全心全意为人民服务，是为人类的解放事业——共产主义而斗争"③。雷锋这种毫不利己、专门利人的奉献精神和先人后己、与人为善的道德情操铸就了他，这种精神力量是永恒的，尽管时代发生了深刻变化，但对当下的我们依然起到示范和引导作用。

雷锋一生非常短暂，他却因为祖国和社会的需要，干了多个行业、多个类别的工作。新中国建设是在百废待举的基础之上开始的，无数的工作需要人去干，雷锋总是响应号召，把全部精力和志向投向了建设社会主义的伟大事业，在做好本职工作的同时，只要有空余、有能力、有精力，就把其全部献出来，为他人、为社会作出贡献，他用一颗火热的心，用火一般的热情，拥抱整个社会和人民。他义无反顾忘我的努力工作和为他人服务，

---

① 金亚平:《雷锋精神思想溯源与当代启示》，湖南师范大学，2014年，第8页。
② 雷锋:《雷锋日记诗文选（1958—1962)》，战士出版社1983年版，第59页。
③ 雷锋:《雷锋日记诗文选（1958—1962)》，战士出版社1983年版，第89页。

饱含着对祖国和人民的浓浓的爱，这是积极人生态度、勤劳优良品质的必然反应。

一个人处于抱怨之中，还是在积极向上的进取之中，对待工作、对待人生的态度是千差万别的。新时代学习雷锋精神，就应该深刻感受雷锋对待工作一以贯之的热爱和投入，让努力与勤奋总是伴随人生左右，以积极向上的态度实现人生目标，不论是遇到挫折还是在顺境之中，减少情绪波动带来的疲态，增加克服困难的自信，永不懈怠、不断努力。

三、学习英雄人物的激励之力

道德榜样是不同时期社会所要求的主流道德观的人格体现，集中体现了一定社会最具有代表性的高尚品德、最高精神境界的追求，从而在社会形成效仿和敬仰道德榜样的氛围，并且提升了整个社会的道德水平[①]。道德榜样的行为是把道德规范、道德理想从抽象的观念转变为具体的行动，并且持之以恒地贯彻执行在日常生活中，为社会大众所推崇与效仿。根据班杜拉的社会学习理论的相关观点"人的知情意行是受行为、主体、环境三要素相互决定，而在我们的现实生活中，观察学习无论是在意识形态的形成上，还是行为习惯的养成上，都将会因地制宜地通过不同的条件反射，对刺激物进行读取、筛选和反应，

---

① 张震霞：《道德榜样对大学生道德素养的正向影响及其提升研究》，湖南大学，2019年，第9页。

最终才会形成自己的意识和行为习惯"①。对于身处特定历史阶段的雷锋来说，中国革命和社会主义建设初期涌现出的许多革命烈士和先进模范的英雄事迹深刻影响其道德观念、道德标准和道德境界。

"典型"是一个由工艺学名词引申出的概念，具有"模型""模范"之义，优秀的"典型"具有强大的说服力和影响力，如同一面旗帜激励着社会大众前进的方向，深刻影响着社会的"群体认同"和"伦理承认"。"树典型"也是我们党在长期的实践过程中形成的优良传统和工作方法，通过对"典型"的选树、推广、宣传和表彰，使广大社会大众有了行为的榜样，同时在内心自觉形成道德认同，形成学习榜样的热潮。党和国家把"井冈山精神、长征精神"等编制成电影和书籍，起到了很好的引领作用。雷锋多次学习《纪念白求恩》，正如他在日记中这样写道："一个人活着，就应该像白求恩同志那样，把自己的毕生精力和整个生命为人类的解放事业——共产主义全部献出"②，时刻用白求恩那种毫不利己、专门利人的共产主义精神来鼓励自己、鞭策自己。

环境为英雄的成长与发展提供了机会，而他们也及时抓住了机遇，这才催生了这些不同凡响的人物。特殊的年代造就了各种不同的英雄人物，雷锋先后经历抗日战争、解放战争和社会主义

---

① 张震霞：《道德榜样对大学生道德素养的正向影响及其提升研究》，湖南大学，2019年，第15页。
② 雷锋：《雷锋日记诗文选（1958—1962）》，战士出版社1983年版，第53页。

建设初期，雷锋的行为不是"空穴来风"，革命年代和社会主义建设初期涌现出的各式英雄人物自然而然成为雷锋学习的榜样。正如他在《雷锋日记》中写到，当他听了董存瑞的亲密战友郅顺义老英雄讲了董存瑞的英雄事迹后表示："董存瑞是我永远学习的好榜样，我一定要为党和阶级的崇高事业，随时准备牺牲自己的一切，直至生命"①。在学习黄继光等革命英雄人物的相关书籍后表示，"我要学习黄继光那种坚定的无产阶级立场……学习他关心别人比关心自己为重，学习他兢兢业业为党工作的精神，学习他勤劳朴实的性格，学习他谦虚好学渴求进步的精神，学习他为祖国人民英勇战斗的精神……"② 榜样的力量是无穷的，雷锋充分吸取了这些革命英雄身上坚定信念、不怕牺牲、艰苦奋斗等精神营养，将这些榜样精神作为自己奋斗的人生信条，在实践中处处彰显道德的力量和榜样的崇高。

除了学习革命英雄人物的相关先进事迹外，雷锋也虚心地向周围的先进人物学习，包括他的同事、他的领导、他身边"活生生"的劳动模范。在他的日记中，这类人物比比皆是，有他的排长、连长，有他在报纸上看到的舍己救人的先进人物向秀丽、郑春满等。正如他读完《向秀丽》这本书后，他决心"永远学习向秀丽同志坚定的阶级立场，敢于斗争的精神；学习她耐心帮助同志、处处为集体谋利益的精神；学习她对工作极端负责

---

① 雷锋：《雷锋日记诗文选（1958—1962）》，战士出版社 1983 年版，第 31 页。
② 湖南雷锋纪念馆编：《光辉的榜样——雷锋》，湖南少年儿童出版社 1990 年版，第 67 页。

任；学习她对党、对人民无限忠诚；学习她爱护国家财产胜过爱护自己生命的精神；学习她在紧急关头，挺身而出、英勇牺牲的精神……"① 在他了解到劳动模范张秀云的先进事迹后，他在日记中这样写道："首先学习她的高度的主人翁责任感，对党对社会主义建设事业的赤胆忠心；学习她积极主动、帮助别人、大公无私、舍己为人的共产主义思想和团结群众的优良作风；学习她坚持向群众学习、不断充实自己、谦虚好学的精神。"② 通过向这些社会主义和平建设时期涌现的先进劳动模范学习，更是让他感受到了凡人善举的力量，进而对照自己的一言一行来严格要求自己、勉励自己。

新中国成立以后，中国即遇到了西方敌对势力的挑衅，他们把战火烧到了鸭绿江边，严重威胁我国的安全，根据国际主义和爱国主义原则，我国派出志愿军，雄赳赳、气昂昂地开赴朝鲜，与美国为首的"联合国军"展开殊死搏斗。当时国内经济、物质条件极为落后，打仗必然有流血牺牲，需要何等勇气和魄力才能下这样的决心！无数英雄烈士的壮举，深深感染了雷锋，震撼着雷锋的心灵，他一直在反思，同样长在新社会，同样都接受着祖国的雨露阳光，我们在平安的环境中享受生活、工作的无穷乐趣，英雄们却在冰天雪地里浴血奋战，除了向他们致以最崇高的敬礼外，唯有刻苦学习、努力工作、尽自己的一切可能帮助他

---

① 中共哈尔滨市委宣传部编：《雷锋日记》，哈尔滨出版社2012年版，第3页。
② 湖南雷锋纪念馆编：《光辉的榜样——雷锋》，湖南少年儿童出版社1990年版，第14页。

人，才能够抚慰英雄的在天之灵，实现他们的遗愿。

为他人和社会自觉牺牲自身利益，是衡量道德行为的"金标准"，英雄壮举与凡人善举，在这方面具有共同性。尊崇和学习英雄壮举，在平凡岗位上为他人和社会自觉牺牲自身利益，是人人都应该做到的，如果持续不断地为他人和社会牺牲自身利益，那就是凡人善举的典型，就是我们的榜样。

当下，尽管没有出现大规模的战争局面，然而，在保卫边防安宁、维护社会稳定、保卫人民生命财产安全等场景之中，不时有英雄挺身而出，将自己的生命置之度外，谱写了一曲又一曲壮丽凯歌。英雄为了祖国和人民的利益，不惜牺牲自己最宝贵的生命，他们的行为是崇高和神圣的，我们必须像雷锋那样，将对英雄烈士的尊崇化为自己的努力和行动，在不同岗位、不同条件下实施为人民和社会自觉牺牲自身利益的道德行为。

四、善行受到肯定的鼓舞之境

在巴甫洛夫（Pavlov）和桑代克（Thorndike）等先后提出"强化"概念后，美国著名心理学家斯金纳（Skinner）对人和动物的学习进行了长期的实验研究，提出了系统的强化理论，他认为"人或动物为了达到某种目的，会采取一定的行为作用于环境，当这种行为的后果对他有利时，这种行为就会在以后重复出现；当这种行为的后果对他不利时，这种行为就减弱或消失"[1]。而根

---

① 钟力平：《斯金纳的强化理论及其应用》，《企业改革与管理》2002 年第 2 期。

据强化物的性质可以分为积极强化（positive reinforcement）和消极强化（negative rein-forcement），特别是积极强化（亦称正强化）能够有效增强行为（反应）发生的概率。纵观雷锋同志的一生，虽然牺牲时仍是一名普通的解放军战士，但雷锋一生得到了党和国家的高度肯定，雷锋精神也是深刻影响着整个社会的道德风尚，与此对应，得到党和国家"正强化"的雷锋，也进一步发奋要在平凡的岗位上发光发热。

雷锋的出现不是孤立的偶然现象，而是在党的政治思想建设中逐步涌现出的英雄人物之一，雷锋同志特别爱好学习，喜欢阅读报纸和书籍，尤其是喜欢阅读毛主席的相关著作，毛泽东思想是加速其形成服务善行和高尚品德的理论源泉。正如他自己所述"学习毛主席著作，使我感受最深的是懂得了'怎样做人、为谁活着'的道理。"① 他懂得了活着的意义就在于全心全意为人民服务，决心要把自己"有限的生命投入到无限的为人民服务之中去"。② 雷锋同志不仅有这样的思想认识，更难能可贵的是将其投入到自身的实践生活中，做到言行一致，忠于共产主义理想并努力用自己的全部去实践理想，最终成为一名伟大的共产主义战士。

在短短的一生中，雷锋始终不忘根本，没有因为现在的生活而忘记过去的痛苦，把一些节省下来的钱，积蓄支援国家建设或

---

① 转引自中共哈尔滨市委宣传部编《雷锋日记》（2012 年）中摘录的罗瑞卿同志写的学习雷锋——写给《中国青年》。

② 中共哈尔滨市委宣传部编：《雷锋日记》，哈尔滨出版社 2012 年版，第 3 页。

帮助别人解决实际困难，像爱护生命一样爱护公共财物，抓住每一个机会帮助需要帮助的人，最可贵的是做完好事后不计较个人得失、不希望个人扬名，因而受到社会大众的高度颂扬。另一方面，雷锋经历过农民、公务员、工人、战士等不同的工作岗位，但是，他干一行爱一行，干一行专一行：在农业战线上，是治水模范，是优秀的拖拉机手；在鞍钢，他多次被评为先进生产者、标兵、红旗手，并且出席了鞍山社会主义建设青年积极分子代表大会；在部队里，他又多次立功，被评为优秀战士、节约标兵，荣获模范共青团员称号。

正如雷锋当选为抚顺市人民代表后说道："我，一个孤苦的穷孩子，今天成长为一个解放军战士，光荣的共产党员，并当选为抚顺市人民代表，这一切是我做梦也想不到的。"①"感谢政府对我的亲切关怀与照顾，感谢人民对我的养育……我要全心全意为人民服务，终身为伟大的共产主义事业而奋斗。"②正如荣誉称号、爱的鼓励等积极强化能有效促进个体的积极行为一样，雷锋全心全意为人民服务背后有着党和政府营造的"积极强化"氛围，积极、及时的肯定更加激励雷锋以实际行动、以出色的成绩来感谢党和人民的信任与关怀。

《雷锋日记》记录了雷锋的成长过程、思想历程，反映了雷

---

① 中共哈尔滨市委宣传部编：《雷锋日记》，哈尔滨出版社2012年版，第3页。
② 中共哈尔滨市委宣传部编：《雷锋日记》，哈尔滨出版社2012年版，第3页。

锋志愿服务、敬业奉献的光辉人生，透过日记的字里行间，我们可以发现，雷锋行为有着深刻的动因，他深深感受到是党和祖国给予了自己新生，必须用自己的全部回报社会；新中国的建设如火如荼、日新月异，自己必须全身心投入进去，为新中国的进步与发展贡献力量；榜样的力量激励自己不断前行，如榜样一般全心全意为人民服务；自己的每一点付出和进步，都受到了组织的肯定和社会的赞誉，这是再接再厉的不竭动力。

雷锋的一生是短暂的一生，他一生助人为乐、敬业奉献，真正做到了平凡而伟大。由于他的不平凡的付出，因此不断受到表彰，社会、组织和人民对雷锋的高度肯定，从一个方面激励雷锋持续为人民服务。在我们国家，无论从事何种职业，无论收入多少，只要真正做到持续为社会和他人牺牲自身利益，都会受到表彰、给予充分肯定。

雷锋因公殉职以后，雷锋精神得到高度颂扬，几代党和国家领导人均充分肯定雷锋精神，这是人民当家作主的充分体现，是一切以人民为中心理念的生动实践。应该看到，榜样教育有力地促进了社会主义精神文明建设，深刻影响着广大人民群众的价值取向，我们应该从雷锋精神形成过程中得到启发，应该从近60年来雷锋精神不断弘扬中得到启示，在新时代努力增强榜样教育的力度与效应，使榜样教育成为当前道德建设的重要内涵。

近60年来，雷锋精神不断得到弘扬，我们还应看到，雷锋精神有时会受到挑战甚至质疑，主要表现为对雷锋行为的真实性持怀疑态度，认为雷锋全心全意为人民服务、全身心投入工作，会是真实的情况吗？产生这样的疑问，重要原因是当下与雷锋所处的时代有着诸多变化，更为重要的是，以往对雷锋高尚行为的动因，具有说服力的分析不多，从而让一些人对雷锋行为的缘由缺少了解，误认为雷锋行为在宣传时有所放大。我们认为，雷锋之所以是全社会的楷模，就在于他的有利于社会和人民的行为具有持续性、真实性，他的行为有着以感恩为重点的多类别动因，梳理分析雷锋行为的动因，非常有助于解读雷锋精神产生的必然性，从而消解人们心中对雷锋行为真实性的疑虑。

通过分析雷锋高尚行为的动因，我们可以发现，雷锋内心世界是非常丰富的，人生态度是积极向上的，他能够过滤甚至去除社会各种负面情绪对自身的影响，非常注重利用社会正能量激励自己，他总是处于乐观、开朗、向上的态势之中。当代社会，人与人之间的竞争不断加剧，社会节奏日益加快，如果一味从自身利益出发考虑得失，经常陷入焦虑的状态，是不可能享受到生活无穷乐趣的。必须提倡每一个人以健康向上的状态度过每一天，尽自己的可能，关爱社会、帮助他人，这是剖析雷锋高尚行为动因给予我们的启示。

通过对雷锋高尚行为的动因分析，会进一步坚定对马克思主义的信念，加深对中华民族优秀传统文化的认识。马克思主义强调，人的价值取向与行为走向，主要依赖于丰富的社会环境影响、导引，与自身的实践积累、反思密切关联，道德问题同样如此，它不会独立于社会而存在。中国传统文化十分强调德性与德行的有机统一、融合，认为所有道德行为与动因之间都有着因果关系，唯有长期坚守德性的培育与积淀，才能持续实施道德行为，只有连绵不断地实施道德行为，才能印证你是一个具有德性的人，德性与德行是密不可分的。雷锋高尚行为背后，有着深刻的多元动因，这些动因揭示了雷锋具有高尚的、丰厚的德性，这些动因促使雷锋持续不断地做好事。这也是分析雷锋行为动因给予我们的启示。

第五章 《雷锋日记》的国际影响

　　雷锋只走过了短短 22 年的生命历程，他的思考，他的追求，都被他用诚挚的心融入到自己的日记中。虽然只有初中文化程度，但他却留下了几百篇闪耀着共产主义思想光辉、充满着理性思考的日记。《雷锋日记》用质朴的语言记录生活中点点滴滴平凡的小事，体现雷锋精神的实质，深深打动着人们。《雷锋日记》不仅仅影响中国人，还影响世界上其他国家的人民，从《雷锋日记》中，让许多外国人领悟到了雷锋志愿服务和敬业奉献的精神，这种利他的价值取向、勤恳敬业的工作态度等不仅仅是中国人所追求的，也得到了世界各国人民的尊崇。

一、《雷锋日记》的翻译与发行

　　《雷锋日记》详尽记录了雷锋的行为和思想轨迹，正是由于《雷锋日记》的多次公开出版，才使国内外读者了解了雷锋及其雷锋精神，探讨《雷锋日记》的国际影响，应该首先了解《雷锋日记》的出版与发行状况。

　　《雷锋日记》是我们研究雷锋及其精神的重要依据。1963 年，《人民日报》刊载雷锋日记摘抄后不久，总政宣传部决定出版

《雷锋日记》，在雷锋日记抄件上交之后，经总政宣传部审查，共选辑 121 篇，约 4.5 万字，于 1963 年 4 月由解放军文艺出版社出版①。这是在全国范围内发行的第一本内容丰富、文字准确的雷锋日记，这本日记的出版，满足了当时全国人民学习雷锋的急需，也成为对雷锋的"永久纪念"。1970 年，解放军文艺出版社编辑发行了第二本《雷锋日记》，这一次是为了纪念毛泽东为雷锋题词十周年，经过精心的打磨，又重新从雷锋生前的日记本中节选了 118 篇日记，此外，还增添了 9 篇雷锋手迹。"文化大革命"结束后，解放军文艺出版社第三次出版《雷锋日记》，在第二版的基础上，增添了三篇日记内容，此外，还有华国锋、叶剑英的题词。改革开放以来，涌现出更多版本的雷锋日记，内容更加丰富，不仅有雷锋的日记，还有雷锋的一些文章、讲话和书信等。

随着时间的推移，对于《雷锋日记》的编撰也越来越规范，内容也越来越丰富。对《雷锋日记》的一次次重新编撰、发行，说明了《雷锋日记》是社会主义精神文明建设的生动教材，雷锋精神在社会上引起了强烈反响，持续为社会发展提供正能量。

《雷锋日记》不仅在国内多次出版发行，甚至"漂洋过海"到了海外。截至 2018 年，国内外不同出版社出版了不同版本的《雷锋日记》约 450 余种，②截至 1973 年，有 28 个国家用英文、

① 中共哈尔滨市委宣传部：《雷锋日记》，哈尔滨出版社 2012 年版，序篇第 3 页。
② 华夏经纬网.雷锋日记——一本影响中国人半个世纪的宣言书［EB/OL］（2011-7-1）［2020-10-15］.http://www.huaxia.com/hn-tw/zjhn/xwsc/2011/07/2476283.html.

法文、日文、朝鲜文、泰文等翻译出版了《雷锋日记》《雷锋诗文集》。①

雷夫·罗杰斯是一位翻译《雷锋日记》影响较大的人士，他翻译《雷锋日记》的原因是什么呢？这就要从他 2005 年踏上中国的土地说起。他在机场的时候搭乘出租车，上车之后，司机用英语问他叫什么名字，他说叫：雷夫。随即，出租车司机兴奋地问道："你知道中国的雷锋吗？"其实，这样的事情，在雷夫的生活中出现过很多次，几乎每一个认识他的中国人第一次问他的名字，都把它听成雷锋，一开始，他也很疑惑，雷锋到底是谁？为什么每一个中国人都对雷锋这么熟悉，而且听到他的名字都肃然起敬。于是，他就自己了解到雷锋的一些故事，知道后，就非常敬佩雷锋。于是，就将自己的中文名字改为"雷锋"，而且还萌生了翻译《雷锋日记》的想法。翻译《雷锋日记》对于一个初到中国没几年的美国人来说，着实是一件不容易的事，雷夫抱着试试看的想法，在摸索中开始翻译《雷锋日记》中打动自己的经典语句，白天他就让公司的同事帮他读汉语，自己边听边记笔记，晚上就和自己的中国太太一起翻译。② 他自己也坦言道："在翻译的过程中，我不想改动雷锋的任何话语。遇到英汉语境不能

① 中国军网.《新时代雷锋精神解读》：研究弘扬雷锋精神的最新成果［EB/OL］（2018-3-5）［2020-10-15］. http://www.81.cn/byyd/2018-03/05/content_7959538_2.htm.

② 中国军网. 外国友人眼中的雷锋［EB/OL］（2016-02-29）［2021-02-09］. http://www.81.cn/jmywyl/2016-02/29/content_6932030_z.htm.

对接的情况时，我会向两位锦州的英语老师寻求帮助，请教他们如何在尽可能少地改动原文的基础上，最恰当地还原其内涵和神韵。"① 他认为，在当今世界，人们的价值观发生深刻改变，人与人之间互相攀比的现象随处可见，雷锋话语虽然朴实，但却透出良好的价值导向，提倡雷锋精神，一定会对攀比之风起矫正作用。"雷锋的话其实很适用。例如，他说生活真正的美好就在于农民的手、工人脏脏的制服、军人的脚，这些才是最美丽的。我也认为，这些才是当今世界最重要的，那些奢侈品的美丽不过是虚假和浮华的。"② 经过大半年的努力，雷夫终于把翻译的语句形成了一本小册子。雷夫表示，"之前，很多西方人心目中雷锋只是一个军人的形象，但读过英文版《雷锋日记》后，你会发现，雷锋的形象是如此的丰满和感人。而且，雷锋日记中那些助人为乐的话语，对全世界都有着积极的意义。"③ 雷夫最大的心愿就是有更多的翻译人员将《雷锋日记》翻译成不同的版本，让世界各国的人都能知道雷锋这个人物，还能感受到他所传递的精神。

2019 年，抚顺市雷锋纪念馆组织编辑的《雷锋日记》正式出版。该书按照时间发表的顺序收集并整理了 82 篇《雷锋日记》的手迹，并将《雷锋日记》手迹影印件，辅以印刷体形式展示给读者，并配有英文翻译和漫画，以增强画面感与阅

---

① 赵成：《雷锋精神超越国界的感动》，《人民日报》2012 年 5 月 7 日。

② 赵成：《雷锋精神超越国界的感动》，《人民日报》2012 年 5 月 7 日。

③ 赵成：《雷锋精神超越国界的感动》，《人民日报》2012 年 5 月 7 日。

读认识①。该书发行后，收到了良好的社会效果。

二、外国人眼中的雷锋

雷锋虽然逝世很多年，但是他所传递的雷锋精神经久不衰、扬名海外，影响了很多外国人。从（抚顺市）雷锋纪念馆里的留言簿上就可以看出，上面有二十几种外国文字写下的上万条留言，写下这些留言的人尽管肤色、语言和年龄各不相同，但字里行间都透露出一种对雷锋的钦佩与赞扬。②

任何国家，在任何一个历史时期，都会用榜样模范人物形象来凝聚社会共识。一个没有榜样的民族，必然是一个平庸的民族，雷锋是我们这片古老的土地孕育的一位平民榜样。虽然已经去世很多年，但是他的那种平民榜样人物的历史形象还深深刻在人们的脑海当中。为什么说他是一位平民榜样呢？是因为这个仅仅拥有 22 年短暂生命的年轻人，他生活在人民群众中间，干着普通百姓的工作，他做过农民、县委通讯员、工人、士兵等，但无论是哪个行业，他都做得十分出色。他来自普通百姓，在平凡岗位上却做着不平凡的事，从这些事情中所体现出的这种精神力量，也使每一个中国人不断坚持信念，这种力量可以来自于你，

① 辽宁纪检监察网 . 新版《雷锋日记》出版 [EB/OL]（2019-03-08）[2020-10-15].
http://www.lnsjjjc.gov.cn/wzsy/system/2019/03/08/010033687.shtml.

② 中国军网 . 外国友人眼中的雷锋——从雷锋纪念馆留言簿感悟雷锋精神魅力
[EB/OL]（2016-02-29）[2021-02-09]. http://photo.81.cn/zhuanti/2016-02-29/
content_6932393.htm.

来自于他，来自于我们中间的每一个人。马克思主义认为，思想、观念、意识的生产最初是直接与人们的物质活动，与人们的物质交往，与现实生活中的语言交织在一起的。① 雷锋也是来自普通群众当中，并非臆想出来的人物，是存在于现实生活中有血有肉的人。雷锋除了认真完成自己的本职工作之外，还经常利用空闲时间做好事。在日记中雷锋也有写道："人的生命是有限的，可是，为人民服务是无限的，我要把有限的生命投入到无限的为人民服务之中去……"② 人活着是为了什么？雷锋的回答是："活着是为了使别人过得更美好"，活着就要把自己"有限的生命，投入到无限的'为人民服务'中去"。③ "我活着是为了全心全意为人民服务，是为人类的解放事业——共产主义而斗争。"④

对于雷锋的研究比较多，也有一些是针对他的生活的研究，旨在展现更丰富饱满的人物形象。国外媒体也认为雷锋形象始终是中国社会最需要的一种美德形象。

一些外国人对雷锋事迹的真实性有疑问，雷锋的这些举动都是自愿的吗？雷锋为什么要这样做呢？1989 年，美联社等几家媒体的记者特意从北京赶往（抚顺市）雷锋纪念馆进行参观，其中有一名记者指着墙上雷锋送老人、给伤员送水果的照片问道："雷锋做好事是自觉的吗？为什么还有照片记录呢？这是事先就

---

① 《马克思恩格斯文集》第一卷，人民出版社 2009 年版，第 524 页。

② 雷锋：《雷锋日记选》，战士出版社 1977 年版，第 57 页。

③ 本报编：《论雷锋》，《中国青年报》1963 年 5 月 4 日。

④ 《重读雷锋》编委会：《重读雷锋》，北京出版社 2012 年版，第 166 页。

安排好的吗?"① 纪念馆解说员解释到雷锋助人为乐从不留名,他
把做过的好事写在日记里,是为了鞭策自己,而且写日记也是雷
锋长久以来的习惯。至于照片,是 1961 年 2 月,解放军各部队
掀起学习雷锋的高潮,沈阳军区决定由政治部和雷锋所在 10 团
筹办雷锋先进事迹巡回展览,展览筹备小组准备用照片反映雷
锋入伍后的事迹,这些照片就是这时补拍的。在解说员的解释
下,这些记者终于明白了事情的缘由,并且信服地说:"雷锋做
的事是真实的、很平凡,但能坚持下来就很伟大,我们回到自己
的国家,要告诉青年朋友们,要像雷锋那样生活!"② 雷锋在普通
的岗位上,在平凡的工作中,在平静的生活里,一件事一件事去
做,一个任务一个任务去完成,一点一滴去奉献,能够急他人之
所急、想他人之所想,随时随地都会发现需要帮助的人,不管多
小的事,只要他认为需要帮助的,他就毫不犹豫地伸出自己的援
助之手,这样的例子在雷锋的生活中是非常多的。雷锋的一生虽
然短暂,但他能在有限的生命里,持之以恒地给人民以温暖,足
以证明他是生活在人民群众当中的。所以,雷锋是现实社会中的
一个平民榜样,他身上那种服务他人的精神是一种奉献精神,奉
献精神是革命战争年代流血牺牲精神的延续和发展,它是不受年
代、环境、背景等条件制约的,永远闪烁着人性的道德光辉。

---

① 中国军网.外国友人眼中的雷锋 [EB/OL].(2016-02-29)[2020-10-13].
　　http://www.81.cn/jmywyl/2016-02/29/content_6932030.htm.
② 中国军网.外国友人眼中的雷锋 [EB/OL].(2016-02-29)[2020-10-13].
　　http://www.81.cn/jmywyl/2016-02/29/content_6932030.htm.

雷锋的名声为什么会波及国外，产生如此深远的影响呢？其中，最核心的一点就是雷锋助人为乐持续一贯的精神。一些来华已经十多年的外媒记者，通过阅读雷锋事迹的图书资料，观看雷锋事迹的媒体报道，逐步了解到雷锋精神的内涵是持之以恒的志愿服务，《雷锋日记》中有很多助人为乐的记录。1962 年 4 月 19 日，雷锋在日记中记载，去长春机要学校作报告的途中，"火车上的人很多，我让给一位老太太坐下，并给她倒一杯开水。因她老人家没午饭，我又拿出自己没舍得吃的面包送给她。"① 使这位老大娘十分感动。之后，雷锋没有闲着，"还帮助服务员扫车厢、擦车厢，给旅客们倒开水，帮炊事员卖饭……"②

法国的一名女大学生曾经在湖南雷锋纪念馆留言簿上写下这一段话："雷锋的人生真是了不起，如果我们每个人的人生都能像他一样坦荡无私、胸怀开阔，用一颗爱心去关怀整个人类命运，那我们的世界将会多么美好！"③ 纽约国际贸易顾问福泰瑞说："雷锋全心全意为人民服务的精神，是塑造道德规范和价值取向之魂，对经商者来说是一种必备的素质。"④

① 中共哈尔滨市委宣传部编：《雷锋日记》，哈尔滨出版社2012年版，第118页。
② 中共哈尔滨市委宣传部编：《雷锋日记》，哈尔滨出版社2012年版，第119页。
③ 中国新闻网.雷锋精神的"底色"：老外真的知道雷锋吗？[EB/OL].（2010-03-09）[2020-10-13].http://www.chinanews.com/cul/news/2010/03-09/2158073.shtml .
④ 中国军网.外国友人眼中的雷锋 [EB/OL].（2016-02-29）[2020-10-13].http://www.81.cn/jmywyl/2016-02/29/content_6932030.htm .

雷锋这种志愿服务的精神在国外的影响愈来愈大。国外成立了一些学雷锋的组织，如美国的"学习雷锋研究会"，研究会主要是学习和研究雷锋的一些优秀事迹，鼓励人们为社会做好事。近些年来，美国纽约市就有一千多名青年人自发组织起来，在街头帮助老人、小孩。在瑞典的首都斯德哥尔摩的街头，也会时常见到一些穿着印有雷锋图像的白色 T 恤的青年，在热心地帮助别人。泰国政府还曾印发了《雷锋》的小册子，号召国民学习雷锋助人为乐的精神。在巴西的里约热内卢有的华人家庭里挂有雷锋的肖像。[1]

在中国的这片土地上，不断出现"洋雷锋"的身影，我们也屡次听到有关"洋雷锋"的故事。在辽宁抚顺，一些来自美国、法国、德国的外国人加入到当地志愿者行列；在浙江宁波，一些美国、法国、德国、韩国的外籍居民，常常跟着当地的居民走街串巷，开展扶贫济困、文明劝导等方面的服务活动。[2]雷锋精神已经感染越来越多的人，很多国际友人自愿加入志愿组织，一起践行雷锋精神。

雷锋精神已经成为人们普遍认同的一种美好境界，友好和利他可以超越种族、超越国界，成为全世界的共识。

雷锋是和平时期优秀军人的杰出代表，他将平凡的小事做到

---

[1] 中国军网．透过偏见看雷锋精神的深远意义 [EB/OL]．（2014-07-06）[2020-11-09]．http://www.81.cn/jwgd2014-07/06/content_6036063_2.htm.

[2] 中国财经新闻网．雷锋精神 世界回响[EB/OL]．（2012-03-06）[2021-02-17]．http://www.prcfe.com/web/meyw/2021-03/06/content_844187.htm.

极致，一心一意为人民服务，不计较个人的得失，具有无私的奉献精神，他就是和平年代的榜样人物。瑞士国防部长施密特参观沈阳军区雷锋纪念馆时写道："伟大的战士不会被忘记！"①

上个世纪 80 年代，一幅在美国西点军校黑板上贴有雷锋照片的图片出现在其招生简章上。画面的具体情景是：西点军校的几名学员正在专心地阅读，后面的背景墙上贴着雷锋的画像和中国的国旗。西点军校的这张照片出现在我国抚顺市雷锋纪念馆后，也引起了一些反响。随后，抚顺市雷锋纪念馆的馆长就带着雷锋的画像访问美国西点军校的校长。西点军校公共事务办工作人员艾瑞卡·福德详细介绍了雷锋精神在西点军校的传播情况②。艾瑞卡说："雷锋是一个普通战士、一个班长，在平凡的岗位上，做出了那么多感人的事迹，很令人敬佩，值得我们好好学习。"③ 在 2004 年 7 月 28 日，西点军校的教官马科斯和几名学员又一同访问了抚顺市雷锋纪念馆，在展馆内，马科斯一眼就认出了招生简章中的人，并要求合影。在一同进行参观的人员翻译说："为了表达对雷锋的敬意，他们特意换上了军装。此行在其

① 中国网 . 外国留学生：雷锋属于中国 雷锋走向世界 ［EB/OL］.（2012-03-02）［2020-10-13］.http://www.china.com.cn/military/txt/2012-03/02/content_24783802.htm.

② 中华网 . 揭秘：雷锋画像为何曾贴在西点军校课堂黑板上 ［EB/OL］.（2015-01-047）［2020-10-13］.https://news.china.com/history/all/11025807/20150107/19183446_1.html.

③ 新华网 . 带你走近真实的雷锋 ［EB/OL］.（2019-03-04）［2020-10-13］.http://www.12371.cn/2019/03/04/ARTI1551697275722211.shtml.

他地方参观时，他们大多都是身着便装。"① 从中，我们可以感受到，外国军人对雷锋这位了不起的中国军人的敬佩之情。《离开雷锋的日子》在美国进行公演后，很多观众观看后将雷锋称为"当代最佳军人"，并开设了"学雷锋"这一门课②。

1992 年，当时还是新华社记者的马平应美国新闻总署的邀请以国际访问学者的身份到美国调研和采访，接待马平的是一个负责亚洲事务的美国官员，在这个官员的办公室里，一幅画像让马平深感意外，那就是雷锋画像。看到中国客人对雷锋画像如此感兴趣，这位美国官员向马平讲述了他心目中的雷锋："雷锋是一个士兵，也是士兵的楷模，无论在中国还是在美国，作为士兵都有共性，而且这个共性就是有共同的价值诉求，这个价值诉求或者叫价值追求就是勇敢、牺牲和奉献。作为军人，雷锋应该值得他们尊重，他是中国的士兵，也是美国士兵应该学习的榜样。"③

21 世纪以来，随着中国参与国际维和和救援任务的不断增多，中国军人也把"雷锋精神"带出了国门，在世界传扬。2003年，由雷锋生前所在团工程兵为主组成的维和部队 500 多名军

---

① 中国网.雷锋精神纵横谈系列文章：一名走向世界的中国军人 [EB/OL].（2012-03-19）[2020-10-13].http://www.china.com.cn/news/zhuanti/lf/2012-03/19/content_24932930.htm.

② 田鹏颖：《雷锋精神展示中华优秀文化的永恒魅力》，《思想教育研究》2012年第 2 期。

③ 中国网.外国留学生：雷锋属于中国 雷锋走向世界 [EB/OL].（2012-03-02）[2020-10-13].http://www.china.com.cn/military/txt/2012-03/02/content_24783802.htm.

人克服种种困难，为当地建设基础设施，"雷锋团"用实际行动去诠释雷锋精神的实质。作为雷锋传人的工程兵还利用空余时间向当地人介绍雷锋事迹，在非洲大地建造雷锋纪念馆。雷锋，一个原本对非洲人民非常陌生的名字，因为中国维和军人出色的表现，在当地为人所知。截至 2005 年底，利比里亚雷锋纪念馆接待参观人数 5000 余人，其中民众 4000 余人，20 多个国家的维和部队 1000 余人。利比里亚大言达省省长彼德在参观完雷锋事迹展后在留言簿上写下："我知道中国工程兵为什么这么出色，因为他们都是雷锋。"① 雷锋在外国人的眼中是一名了不起的军人形象，也让国外的士兵感受到中国军队的凝聚力，切身体会雷锋那种甘于为国家、为人民牺牲的精神，这在世界范围内引起共鸣。

雷锋不仅仅是榜样，也是很多人心目中的偶像。榜样与偶像两者是不一样的，前者的行为以利他为核心，是社会公认的表率，后者是个人钦佩和喜爱的人格符号。两者之间也有重合之处，有的人的行为是典型的利他行为，他又受到社会公众的广泛认同和喜爱，因此他既是榜样也是偶像，雷锋就是这样的人物。

美国全国委员会中美关系主席史蒂芬·欧伦斯先生对记者说，"在这个相对浮躁的时代，人们尤其需要偶像的力量来理解

① 中国文明网 . 雷锋精神超越国界的感动 [EB/OL].（2012-05-07）[2020-10-13].
http://www.wenming.cn/specials/zyfw/zzddlf/shenbianleifeng/xxlfhby/201205/
t20120507_644946.shtml.

无私的价值和团队的力量。"① 欧伦斯从上个世纪的雷锋谈到当代年轻人喜欢的偶像。他拿现代年轻人都很喜欢的 NBA 华裔球星林书豪来举例，认为林书豪每场比赛超过十次的传球、助攻、配合，不突出自己，而为全队着想也可以算是一种无私，他的努力、上进和谦和的为人处世方式和雷锋精神有相似之处。②"不用想着要做多么伟大的舍己救人，其实为他人着想可以融入到生活的一点一滴中。"③ 这是一个美国人对有些陌生的中国雷锋的评价，他道出了一个重要的内涵：虽然时代在变，但是雷锋所代表的奉献精神永远都不会过时，每个人在自己的工作和生活中都可以学习雷锋。这是一种偶像的力量，是成就伟大时代的催化剂。④

美国亚利桑那州大学国际战略研究院副教务长丹尼斯·西蒙教授认为："精神偶像雷锋也是给信仰相对缺失的年轻一代心灵的良药，在个人主义的美国，也会让奉献精神在整个社会蔓延开来。"⑤21 岁的青年伍淡然，是一名来自美国的共产党员，他说

---

① 中国财经新闻网.雷锋精神的国际解读[EB/OL].（2012-03-05）[2020-10-13].
　　http://www.prcfe.com/web/meyw/2012-03/05/content_843704.htm.

② 中国财经新闻网.雷锋精神的国际解读[EB/OL].（2012-03-05）[2020-10-13].
　　http://www.prcfe.com/web/meyw/2012-03/05/content_843704.htm.

③ 中国文明网.雷锋精神的国际解读 [EB/OL].（2012-03-05）[2020-10-13].http://
　　www.wenming.cn/specials/zyfw/zzddlf/news/201203/t20120305_534568.shtml.

④ 中国财经新闻网.雷锋精神的国际解读[EB/OL].（2012-03-05）[2020-10-13].
　　http://www.prcfe.com/web/meyw/2012-03/05/content_843704.htm.

⑤ 中国文明网.雷锋精神的国际解读 [EB/OL].（2012-03-05）[2020-10-13].http://
　　www.wenming.cn/specials/zyfw/zzddlf/news/201203/t20120305_534568.shtml.

在高中的时候，就看过《雷锋日记》，觉得雷锋就是自己的偶像，从此就下决心学习他助人为乐的精神，为党和人民做事。他在美国的时候也经常献血，来到中国后，依然每半年就献一次血，心中始终牢记"时刻为人民服务"，这也是视雷锋为偶像所产生的强大动力。

有些外国人认为，雷锋身上所展现的是集中华民族优良传统于一身的品质，一种利他精神，是对全人类都有指导意义的。美国亚利桑那州立大学国际战略研究院的副院长丹尼斯·西蒙教授认为，雷锋不仅代表一种精神，而且是一种待人接物的方式，一种懂得尊重和肯为对方着想的态度。①

三、雷锋精神的世界意义

习近平总书记在党的十九大报告中指出"坚定文化自信，推动社会主义文化繁荣兴盛"，② 雷锋精神反映了中华优秀传统文化，是社会主义文化的重要内涵，雷锋精神正在世界范围内得到广泛认同。日本《朝日新闻》的掘江义人等人参观抚顺市雷锋纪念馆，代表他的同事们激动地写下"雷锋属于全世界"七个大字。③ 的确，雷锋不仅是中国人民的榜样，也是世界所有向往美

---

① 人民网.国际社会热情赞扬雷锋精神 [EB/OL].（2013-03-05）[2020-10-13]. http://www.world.people.com.cn/n/2013/0305/c1002-20674782.html.

② 新华网.习近平提出，坚定文化自信，推动社会主义文化繁荣兴盛 [EB/OL].（2017-10-18）[2020-12-17].http://www.xinhuanet.com/politics/2017-10/18/c_1121820800.htm.

③ 赵成：《雷锋——跨越国界的感动》，《人民日报》2012 年 5 月 7 日。

好生活的人们心中的典范。

雷锋精神凝聚了中国人民的力量与价值观，其中所包含的志愿服务的价值取向、勤恳敬业的工作态度等早已超越国界，影响整个世界。上世纪末，雷锋以纯朴微笑的"中国形象"入选"全球 20 世纪最有影响力的 100 张照片"；2012 年，雷锋又以"党和国家领导人题词最多的士兵"荣获上海大世界吉尼斯纪录认证。①

作为一个自然人，雷锋是中国的。不过，当雷锋成为一种文化符号的时候，成为人类共同倡导的一种价值观和良好风尚时，就不仅仅是一个人，而是一种精神载体，从这个意义上讲，"雷锋是世界的"②。正如美国《时代周刊》也曾这样评论道："雷锋品牌是中国人民也是全人类共同的精神财富。"③ 面对世界多极化、社会信息化、文化多样化持续推进的今天，国际社会日益成为一个你中有我、我中有你的"命运共同体"。进入新时代以来，世界越来越渴望倾听中国的声音，分享中国的成功经验，而雷锋精神符合人类文明发展的规律与趋势，具有历史的穿透力和震撼力，雷锋精神应该成为为人类世界贡献的中国智慧和中国方案的重要内涵。

习近平总书记提出的"共同价值"理念是与马克思主义一

① 新华网.雷锋蜚声世界：半个多世纪以来雷锋走出国门纪实 [EB/OL].（2015-06-24）[2020-10-13].http://www.xinhuanet.com/mil/2015/06/24/c_127942115.htm.
② 许森：《雷锋精神的世界意义》，《环球时报》2018 年 3 月 5 日。
③ 张琪：《儒家"仁爱、诚信"思想在雷锋精神中的体现及现代启示》，《知识经济》2020 年第 18 期。

脉相承的，充分体现出国际共产主义的情怀。"共同价值"以人类命运共同体的构建为核心，以马克思世界历史科学观点为理论基础，以全人类作为价值主体，以实现人类共同理想为最终目标。

分析和把握雷锋精神的内涵，就会发现雷锋精神的内核——志愿服务、敬业奉献，闪烁着人类的共同价值和共同理想，体现着人类的共同美德。人与人之间需要相互关爱、共同进步与发展，每个人都应该在自己的岗位上努力劳动、不断取得成绩，这是全人类自古以来都认同和称颂的美德，雷锋精神体现了这样的价值诉求，提供了这样的实践路径，引起愈来愈多的各国人民的强烈共鸣，有其必然性。

雷锋已离开我们近60年，国外许多人对雷锋的了解是间接的，有些是传说中的情况，有些判断并非准确，是完全可以理解的，只要真正深入了解真实的雷锋精神，总体上会得出肯定的判断。美国和日本的一些记者在参观抚顺市雷锋纪念馆之前，对雷锋及其所体现的精神抱着一些质疑的态度，但是在参观完抚顺市雷锋纪念馆后，他们的态度发生了很大的转变，由衷地说："雷锋是真的，雷锋精神的确是人类的财富，人类社会的进步需要雷锋。"①

一些外国专家在接受《人民日报》记者采访时明确表示"中国应向世界其他国家加强介绍雷锋精神，因为雷锋所代表的崇高

---

① 环球视野. 质疑雷锋的美联社记者在留言簿写下"雷锋精神是人类的财富" [EB/OL]. (2016-03-22) [2020-10-13]. http://www.globalview.cn/html/societ-ies/info_9832.html.

品质是当今世界各国都需要的"①。《辽宁日报》曾报道，全球有38个国家和地区以不同的方式学习雷锋。②应该说，雷锋在世界范围内的知名度是比较高的，雷锋精神在全球得到了广泛认同，在此基础上，进一步凝练和发扬雷锋精神，针对各个国家、地区的不同习惯和特点，用他们易于接受、容易产生共鸣的方式，介绍雷锋、宣传雷锋精神，让雷锋精神承载的中国优秀传统文化、全人类的共同价值，被世界广泛接受。

雷锋精神打破文化界限，为世界人民提供了一种共同的价值追求，这种价值追求鼓舞人们在当代世界互相帮助、不断奋进，将雷锋精神放在世界的价值坐标体系中来进行考量，与社会现实生活相联系，这是非常有意义的。

现代社会节奏不断加快，竞争愈发加剧，人们的目光常常关注于获取资源的多少、财富积累的快慢，人固有的善良和正义情感，与社会现实生活产生了脱节，人与人之间的交往、人对社会的依赖愈发增多，然而，人的内心世界往往处于封闭的态势，对他人的关爱、对自然的敬畏、对法规的遵守有时会丢弃一边，尤其是在自身利益和这些形成冲突的时候，类似的状况就愈显突出。雷锋精神体现了良好的价值导向，是对现代社会"功利过盛"的有力矫正，通过在全球范围内弘扬雷锋精神，人与人之间的紧张局面会有一定程度的缓解，会促进市场经济条件下的道德进步。

---

① 杨晔：《国际社会热情赞扬雷锋精神》，《人民日报》2013年3月5日。

② 朱金平：《雷锋的精神为什么能够长久深入人心》，《军事记者》2012年第4期。

世界上好人很多，每天的新闻也会报道很多好人好事，每个国家都会有一些慈善组织，但是为什么雷锋精神有如此强的影响力呢？因为雷锋做好事，不仅仅是善良天性的驱使，还有着对新中国和中国共产党的满腔热爱，将自我实现与国家社会前途命运相联系。所以，自然而然就产生了这种肩负使命的意识。雷锋身上所体现的是对党的赤诚热爱和对人民群众的奉献、甘于牺牲自我的大无畏的精神，他所代表的是共产党人崇高的理想和为理想而献身的一种价值追求，这是一种"大我"的理想。雷锋精神存在的意义就是帮助人们重新思考人生的意义，启迪人们确立正确的价值观，做一个奉献社会的公民，雷锋精神有助于启迪人们公平竞争、利人利己，努力增进与他人之间和谐的情感，从而营造和谐的社会氛围。

雷锋精神不仅仅是助人为乐的精神，还是爱岗敬业、勇于担当的精神。这种精神主要是体现在工作当中，忠于职守，甘做"螺丝钉"，这也是人类应该提倡的价值取向。在雷锋看来，工作岗位没有高低贵贱之分，无论你是一名普通的工人，还是一名人民解放军，都要爱岗敬业。他在 1962 年 4 月 17 日的日记当中写道："一个人的作用，对于革命事业来说，就如一架机器上的一颗螺丝钉。机器由于许多螺丝钉的支撑，才成为一个坚实的整体，才能够运用自如，发挥巨大的工作能力。螺丝钉虽小，但是其作用是不可估量的，我愿永远做一个螺丝钉。"① 这种不谋名

---

① 雷锋：《雷锋日记》，解放军文艺出版社 1964 年版，第 77 页。

利、甘于奉献、爱岗敬业的精神是各行各业都需要的，任何社会的发展进步，都离不开一大批人的默默无闻的奉献。

整个国家就像一个大机器，任何一个人都是这台"机器"上的"螺丝钉"，离开了谁都不能好好地运转，只有每颗"螺丝钉"服从国家的需要和安排，安于平凡的工作、脚踏实地做好本职工作，刻苦钻研、锐意进取，才能体现自我的真正价值。这种勤恳敬业的"螺丝钉"精神是每一个公民都需要拥有的职业道德与精神。

1989年，日本原田公司的员工集体学习雷锋。公司在大连刚刚成立的时候，在当地农村招聘了近千名的十八九岁的青年，这些人素质有待提高，刚进公司的那会儿，时常会出现公用物品莫名其妙没了的情况，日方总经理藤田菊雄很是着急，先进的管理方式因为员工的素质低而失去了效用。1990年，公司组织参加了义务植树和清扫环境等学雷锋活动，之后的几个月时间内，藤田菊雄意外地发现员工偷拿的现象次数减少了很多①。于是，他找来秘书，想看看有关雷锋的一些报道和书籍，包括《雷锋日记》，读了之后，深深地被雷锋身上敬业奉献、乐于助人的精神所打动，他向中方管理人员提出要把雷锋精神始终贯彻到培养企业员工优秀品质上来，从此之后，"雷锋"就走进了"原田"。藤田菊雄说过："通过学雷锋，使我们找到了中日文化的对接点。

---

① 环球视野.质疑雷锋的美联社记者在留言簿写下"雷锋精神是人类的财富"[EB/OL].（2016-03-22）[2020-10-13].http://www.globalview.cn/html/societ-ies/info_9832.html.

雷锋全心全意为人民服务的精神和爱岗敬业、不怕吃苦的钉子精神不仅仅是中国人要学习的，是日本乃至世界每个国家都需要学习的。"①

通过新旧社会的对比，雷锋对新社会有着大爱，他自觉将这种大爱化为持续的志愿服务和敬业奉献，无论在什么岗位，无论在什么条件下，都做到全心全意为人民服务，全身心投入工作，并从中享受生活的乐趣和喜悦，这样的价值取向在世界范围内是非常有意义的。

习近平总书记深刻指出，"人类正处在大发展大变革大调整的时期。世界多极化、经济全球化深入发展，社会信息化、文化多样化持续推进，新一轮科技革命和产业革命正在孕育成长，各国相互联系、相互依存，全球命运与共、休戚相关"②。雷锋精神的内核——志愿服务、敬业奉献，对加强国际合作、构建人类命运共同体，有着良好的促进作用。

世界各国通过雷锋这个小小的窗口，能看到整个中国的精神文明建设的走向，雷锋彰显了国家的价值追求和道德观念。雷锋精神源自于中华民族五千多年文明历史所孕育的中国传统文化，体现出中国共产党领导人民进行革命、建设的先进文化，根植于社会主义伟大实践，闪烁着人类大爱的精神光芒。雷锋其实不再

---

① 新华网.雷锋蜚声世界：半个多世纪以来雷锋走出国门纪实 [EB/OL].（2015-06-24）[2020-10-14].http://www.xinhuanet.com/mil/2015-06/24/c_127942115.htm.

② 《习近平谈治国理政》第二卷，外文出版社 2017 年版，第 538 页。

是一个人的名字，它是一种观念、一种价值。雷锋精神中的友好和利他可以超越种族、超越国界，成为全世界通用的语言。

美国青年山姆在参观湖南雷锋纪念馆时说："雷锋精神能覆盖整个大洋，使世界更加和平、美好。"①"雷锋精神"已经走出国门，作为与世界很多国家进行文化交流的重要内容。我国在2018年开展了"一带一路·雷锋同行"的活动，将首站选在了马来西亚这个友邻国家，此次活动的开展在马来西亚引起了强烈的反响。马来西亚华人文化协会总会长张雅诰先生激动地说："人人为我，我为人人，这应该是全世界的价值认同。雷锋是每一个人都应该效仿的模范。雷锋精神就是文化，是一种很好的文化。华人文化协会也会进一步增加与中国抚顺之间的文化交流，带动马来西亚华裔一起深入了解雷锋、学习雷锋。"②

作为时代的一个价值标识，雷锋精神以强大的张力，冲破历史的阻碍，穿越国度，体现人类共同价值。当今世界，人们的交往日益加剧、联系日益增多，互相倚重的局面正在形成，我们面临共同的问题，具有共同的价值追求和责任担当，在这样的背景和条件下，构建人类命运共同体已成为必然。

---

① 中国网.外国留学生：雷锋属于中国 雷锋走向世界 [EB/OL].（2012-03-02）[2020-10-13].http://www.china.com.cn/military/txt/2012-03/02/content_24783802.htm.

② 光明网.雷锋精神体现全人类价值追求[EB/OL].(2018-03-07)[2020-10-14].http://news.gmw.cn/2018-03/07/content_27911052.htm.

2020年的新冠肺炎疫情威胁到各国人民的生命健康，任何一个国家在面对来势汹汹的新冠病毒，都难以独善其身。只有秉持人类命运共同体的理念，展现新时代的雷锋精神，传递温暖、凝聚力量、勇于担当、共同战"疫"，这是世界各国的共同选择。中国本着公开、透明和负责任的态度及时发布相关疫情消息，加强与国际社会的合作，与世界上100多个国家分享治疗方案，通过专家研讨和视频会议开展了数十次技术交流。在疫情发生之后，中国得到各界人士以及国际组织的援助与支持，许多国家和国际组织向中国捐赠口罩、防护服等疫情防控物资，中国也力尽所能，支援其他国家和地区的抗疫。危急时刻，团结互助的力量得到生动体现。

雷锋精神符合人类文明发展的规律与趋势，具有超越时空的先进性和强大生命力，理应成为现代社会人类共共价值的重要内涵。我们要准确、生动地讲好"雷锋故事"，在全世界增强"雷锋精神"的影响力。

第六章 《雷锋日记》的当代价值

"如果你是一滴水,你是否滋润了一寸土地?如果你是一线阳光,你是否照亮了一分黑暗?如果你是一颗粮食,你是否哺育了有用的生命?如果你是一颗最小的螺丝钉,你是否永远坚守在你生活的岗位上⋯⋯你既然活着,你又是否为未来的人类生活付出你的劳动,使世界一天天变得更美丽?"①《雷锋日记》中这些脍炙人口的词句,代表了永恒的道德向往,呈现出撼动人心的精神力量。

当前,改革开放和社会主义现代化建设取得历史性成就,我国发展也站到了新的历史起点,中国特色社会主义进入新的发展阶段②。社会主要矛盾也已经由人民日益增长的物质文化需要同落后的社会生产之间的矛盾,转化为人民日益增长的美好生活需

---

① 中共哈尔滨市委宣传部:《雷锋日记》,哈尔滨出版社 2012 年版,第 2 页。
② 人民网.习近平新时代中国特色社会主义思想学习纲要:中国特色社会主义进入新时代——关于我国发展新的历史方位 [EB/OL](2019-07-23)[2020-10-8]. http://theory.people.com.cn/n1/2019/0723/c40531-31250161.html.

要和不平衡不充分的发展之间的矛盾①。我们必须深刻分析时代背景与条件，重温《雷锋日记》中真挚而又朴实的词句，辨析新时代背景下雷锋精神的现代内涵，从雷锋这个普通人身上吸取力量、传棒接力，为中华民族伟大复兴的征程中构建精神家园。

我们坚持认为，雷锋精神在当代具有重要的向上力量。新中国成立初期到 60 年代初期这段时间，各方面条件非常艰苦，国内外形势与现在也有诸多重要区别，社会主要矛盾和当下也有所不同，但是，中国共产党领导、人民当家作主的基本政治格局并没有发生丝毫变化。中国共产党领导全国人民审时度势，不断开创社会主义建设新局面，在新时代中国特色社会主义建设的内涵之中，道德建设处于十分重要的地位，榜样教育仍然是我们党的建设和思想政治教育的重要方法。

雷锋精神的重要内涵是志愿服务、敬业奉献，难能可贵的是，他的行为持之以恒。当下迫切需要弘扬雷锋精神，让全社会有着浓郁的志愿服务、敬业奉献氛围。让这样的判断成为全社会的共识，必须结合时代条件，直面阐释雷锋精神的当代价值，必须对当前榜样教育中出现的"热点"问题一一梳理，从榜样类别的辨析、崇高道德行为与市场经济原则的辨析、社会主义新型人与人之间关系辨析等方面入手，旗帜鲜明地确认雷锋为榜样，根据新的历史条件，持续弘扬雷锋精神。

---

① 人民网.我国社会主要矛盾转化的背后 [EB/OL]（2017-10-21）[2020-10-8].
http://cpc.people.com.cn/19th/n1/2017/1021/c414305-29600806.html.

一、辨析"凡人善举"与"英雄壮举",学习雷锋精神

雷锋精神的当代解读,离不开对新时代榜样的分类研究,只有清晰了解榜样的类别、各类榜样的行为特征和价值取向,才能厘清雷锋的行为符合哪一类榜样的特质,雷锋属于哪一类榜样,这是将雷锋确认为新时代榜样的基础条件。

对榜样的分类有多种方法,既可以从榜样的行为特征入手,明晰榜样的分类,如将榜样分为助人为乐、见义勇为、诚实守信、敬业奉献、孝老爱亲等五个方面,还有着另外一种分类,即根据道德行为的本质——自觉牺牲自身利益的程度加以区别,可分为"凡人善举"与"英雄壮举"两大类别。

"凡人善举"顾名思义是指普通的平凡人在日常生活与工作中持续做的一些很普通却让我们深受感动的事,让道德深入人心,让传统美德不断延续;"英雄壮举"主要是指基于特定的时代背景或社会形势,敢于正面抗击邪恶、无私忘我甚至英勇献身的令人敬佩、敬仰的人物故事。

"凡人善举"的不易在于道德行为的持续性,"英雄壮举"的可贵在于为了他人和社会的利益,不惜牺牲自己的一切。"凡人善举"与"英雄壮举"的区别,关键在于"善举"与"壮举"的差异,"凡人"和"英雄"的分类,是行为鉴别之后的结果,我们不能依据职业、年龄、性别、文化等方面的区别,将人分为"凡人"和"英雄",在道德考量面前,行为是衡量道德水准的"试金石",任何道德分类都是对行为的区别。

无论是"凡人善举"还是"英雄壮举",均是榜样的特质,榜样的行为具有高尚性,是因为这些行为既为社会所必需,又是一般人较难长期做到的,是真实可信的,广大公众会为其感动、感染、心悦诚服的。在任何时期,我们都要同时高扬这两种行为,不能只强调一个方面而忽视另一个方面,它们均是社会的正能量。社会总是有许多人在默默奉献、在埋头苦干、在帮助他人、在坚守善良,在他人的努力和带领之下,善良的氛围才会逐渐浓郁起来。社会永远不同于理想那般没有人铤而走险,它会出人意料地抛出诸多难题,因此非常需要英雄挺身而出,为祖国和人民的利益牺牲自己的利益,甚至献出最宝贵的生命。由于"英雄壮举"的不断出现,才能使正义成为社会的主旋律。"英雄壮举"的崇高在于其行为具有自觉牺牲自身利益甚至不惜生命的本质属性,生命对所有人而言均是最宝贵的,能够在祖国和人民需要的时候挺身而出,是无上崇高的行为。"凡人善举"的力量在于持久与坚守,毛泽东同志有句名言,"一个人做点好事并不难,难的是一辈子做好事"[1]。这是对"凡人善举"本质的深刻描述。

和雷锋所处的时代比较,当今时代志愿服务的对象、内容、条件等方面产生了诸多变化,然而,自愿为社会和他人持续服务,是助人为乐永恒的本质属性;当今敬业奉献的内涵等方面发生了诸多变化,然而,热爱、钻研本职工作,不计个人得失投身本职工作,在工作中作出一流成绩,是敬业奉献的永恒的本质属

[1] 《毛泽东文集》第二卷,人民出版社1993年版,第261页。

性。尽管雷锋不是战斗英雄，也没有牺牲在见义勇为的行动之中，然而，雷锋一辈子尽其所能做好事，一身践行了自己的诺言"做一颗永不生锈的螺丝钉"[①]。他的行为充分彰显了助人为乐和敬业奉献的本质属性，他是"凡人善举"的杰出典范，在新时代学习雷锋精神是完全必要的。

二、辨析"干一行、爱一行"与"爱一行、干一行"，弘扬雷锋精神

中国改革开放经历了 40 多年，在改革开放之初，我们不断探索经济体制方面的改革，商品经济从弱小、粗放至不断成熟。商品经济的本质属性是在市场通过竞争配置商品，它是市场经济的雏形和初级阶段，在商品经济基本完善以后，市场经济必然得到显现。市场经济的本质是在市场通过竞争配置资源，资源的重要内涵是商品，但是商品只是资源的基础性、不可或缺的一部分而非全部。有用性、稀缺性是资源的基本特征，也正是这两点的存在，才使竞争性得到确立。

我们对市场经济的认识，社会对市场经济的适应，都有一个过程。中国共产党人审时度势，在全力推进社会主义市场经济以后，不断使市场经济深化和走向成熟，目前，已将通过市场竞争配置资源确认为在配置资源中起决定性作用，进一步强化了市场的作用和地位。在就业问题上，是组织安排或自己选择工作岗

---

① 中共哈尔滨市委宣传部：《雷锋日记》，哈尔滨出版社 2012 年版，第 109 页。

位，计划经济年代和市场经济时期有着不同路径。在社会主义市场经济不断走向深入的当下，供需双方双向选择，根据自己的兴趣和特长、依据市场需要与可能选择工作，已成为社会的主流，"爱一行、干一行"成为常态。

在这样的背景下，雷锋精神的主要内涵"党叫干啥就干啥"①还有价值吗？"干一行、爱一行"还能体现出先进性吗？回答是肯定的。

第一，在当今社会，为了保障国家安宁、社会平安，为了保证社会发展有序、文明向上，需要许许多多人响应号召、服从安排、努力奉献。这些工作的特性意味着：或是在边疆巡逻，或是在戈壁造林、护绿，或是为祖国的航空航天事业奉献一生，或是时刻有可能和犯罪分子作殊死搏斗……离开了他们的奉献，其他人"爱一行、干一行"的良好环境将不复存在，当代仍需要千千万万个雷锋勇于把自己的一切交给党和祖国安排，真正做到"干一行、爱一行"，他们是新时代最可爱的人。

第二，当今社会"干一行、爱一行"与"爱一行、干一行"同时并存，并不意味着，在道德视域下两者处于同样的境界。我们鼓励甚至提倡根据自己的兴趣与可能选择工作岗位，力图激发大多数人的职业兴趣，发挥竞争就业的优势，形成千万人努力工作、干好工作的局面，这是完全应该的。然而，这不应该是弱化"干一行、爱一行"崇高性的理由，响应党和祖国的号召干好工

---

① 中共哈尔滨市委宣传部：《雷锋日记》，哈尔滨出版社 2012 年版，第 92 页。

作，是行为者为了祖国和人民的利益自觉牺牲自身利益的体现。自身利益涵盖各个方面，由于人的生命具有唯一性、有限性、不可逆性，这意味着生命是自身利益中最宝贵的部分，能够为了祖国和人民的利益，明知自己的工作有生命危险，仍然去干这一行，并努力把这一行干好，必须得到最大程度的颂扬。即便是组织安排的工作并没有生命危险，但许多人能听从召唤，默默无闻地做到"干一行、爱一行"，也应该得到全体人民的崇敬。

第三，应该把"干一行、爱一行"和"爱一行、干一行"在社会主义建设中有机统一起来，两者是和谐、辩证的关系，不是对立的关系，更不是非此即彼的关系。我们应该高度肯定"干一行、爱一行"的崇高性，号召全国人民学习雷锋精神，不断提升社会正能量。应该看到，新时代许多人在选择职业时响应国家号召，听从组织召唤，当党和人民需要的时候，义无反顾地牺牲自身利益，到最危险的地方投入战斗，谱写了一曲曲时代凯歌。在抗击新冠肺炎疫情的日日夜夜里，无数人置自己的生死于度外，真正做到了一不怕苦、二不怕死。雷锋精神在新时代得到高度弘扬和广泛响应，才使我们面对突发事件、面对严重困难总能化险为夷，这是社会主义团结合作、人民利益高于一切的生动展现，是雷锋精神的当代体现。

许多人在选择职业、考虑学业时，能自觉地把祖国的需要和自己的兴趣统一起来。市场经济体制实施之初，金钱和功利曾被过度强调，单纯强调个人兴趣和利益为上的现象也时有发生。党的十八大以来，随着社会主义核心价值观的不断弘扬，随着榜样教育等一系列思想政治教育的有效实施，社会主义精神文明建设不断取得丰硕成果，爱祖国、爱人民和维护自身利益、尊重个人自由逐步得到协调统一。许多高中毕业生在填报大学志愿时，已经充分考虑将祖国的需要和自己的兴趣、特长高度融合，有的高分考生填报了考古专业，意味着做好思想准备，就业后或在边疆、野外工作，或在冷门行业从事长期冷清的工作。为了打破西方国家对我国实施的科技封锁，真正把我们国家的科技创新搞上去，许多高校开设了基础学科强化班，不少高分考生踊跃报名，从中体现出这样的决心：从基础科学研究入手，长期从事艰苦的脑力劳动，为祖国的科技创新奠定扎实的基础，贡献自己的青春和力量。

"干一行、爱一行"和"爱一行、干一行"两者都有着对工作的深深热爱，这是做好一切工作的基础和必备，我们不断弘扬热爱工作的精神，就会让全体人民在各行各业努力工作，我国现代化建设的步伐必然会不断加快。

我们坚信，雷锋"干一行、爱一行"的精神一定会不断展现时代光芒。

三、辨析"我为人人"与"人人为我"，践行雷锋精神

关于"我为人人"与"人人为我"的讨论，可以分为两个层面展开。

第一个层面是经济意义方面的。在农业社会除了一些必需的、自己无法生产的物品需要购买以外，自给自足是社会的重要

特征，生活圈、社交圈十分狭窄，爱好远没有现在广泛，需求远没有现在丰富多样，每个人对社会分工的依赖远没有得到充分彰显，社会分工视域下的"我为人人"与"人人为我"的关系问题，没有真正成为社会的热点问题。

随着社会发展与进步，社会分工愈来愈细密，人与人之间的相互依赖愈来愈增强。市场经济本质上是分工经济，分工经济的依据是效率问题，产品只有形成较大的批量，才能有更高的效益，只有专业化程度愈高，产品才能有更高效的产出。信息时代的到来，开放程度的不断扩大，促使人们的需求愈发旺盛，需求的实现也愈来愈容易，需求的丰富性必然导致产品的多样性。上述这些原因的综合，促成分工经济时代大踏步走来，在浩如烟海的专业分工面前，每个人都会从事非常专业的工作，其产出的产品服务对象必然是十分宽泛的。由此可以看到，"我为人人"与"人人为我"是当代社会必然发生的现象，"我为人人"表达专业分工条件下自己的服务对象非常宽泛，"人人为我"是从需求多样性出发得到的结论，强调所有人都离不开其他人的劳动付出。这是市场经济条件下分工细密、专业化程度高的必然结果，是每个人都辛勤劳动、每个人都充分享受他人劳动成果的理想场景。

第二个层面是道德意义方面的。它包含两个方面的内容，一是努力践行志愿服务，二是积极遵守社会规范。

在践行志愿服务方面，每个人都应主动做到"我为人人"，在别人有困难的时候，能够自觉伸出援手为他人排忧解难，积极提倡"隐姓埋名"做好事，在志愿服务中不求任何功利，充分彰显志愿服务的崇高特征。

在遵守社会规范方面，必须有这样的认识，社会文明是一个有机整体，只有每个人的努力付出，才能使社会呈现规范、有序、向上的态势，每个人都必须自觉遵守社会规范，才能享受文明社会的互相帮助、互相关爱，自己的言行必须符合社会规范，必须考虑他人的感受，自觉遵守社会秩序、维护文明环境。

辨析"我为人人"与"人人为我"的关系，重要的是每个人都应该少一分埋怨、多一分担当。如果片面强调由于没有感受到"人人为我"，因而我不愿意帮助他人，这种想法是很片面、狭隘的。一直处于埋怨和计较情绪中的人，是无法感知道德力量的，是不能真正享受到实施道德行为以后自己内心的宁静与欣慰的。

我国总体上已经取得了抗击新冠肺炎疫情的重大阶段性胜利，胜利的缘由是多方面的，其中重要的经验是，现代社会人与人之间的联系与影响十分紧密，人人都是社会共同体的重要成员，为了全国人民的利益必须严守纪律、服从安排，在全体人民同舟共济、齐心协力之下，中国人民一定能战胜各种困难。

雷锋的所作所为深刻体现了"我为人人"的崇高力量，当代社会必须深刻认识、多维解读"我为人人"与"人人为我"的辩证关系，让公众自觉将雷锋精神作为行为准则。

当今社会，在市场通过公开方式竞争配置资源，已起着配置资源的决定性作用，竞争的效应持续放大，每个人通过努力获取资源的积极性得到催发，全社会财富总量不断提升，在这样的背景条件下，探讨并厘清雷锋精神的当代价值，是极为需要和重要的。当下，建设和发展已成为社会主要任务，需要千万个人实施志愿服务、敬业奉献。在我们国家的大家庭里，总有一些人需要得到关爱和援助，大家伸出援助的手，就能使全体人民感受到社会的温暖。社会主义建设需要全体公众热爱工作、努力劳动，雷锋能够听从党的召唤、勤勉工作，这样的境界和行为应该得到高度肯定，弘扬雷锋精神，就会形成社会的每个行业、每个岗位都有人去做，并努力做好。雷锋是凡人善举的杰出典范，高扬雷锋精神，中国特色社会主义建设一定会"众人拾柴火焰高"。

我们应该正确区分社会行为的合理性与崇高性。市场经济规则的行为具有合理性，必须得到提倡与肯定。雷锋精神是崇高的精神，弘扬雷锋精神，能够有效防止市场功利性过度，确保为祖国为人民献出爱的人得到尊崇，从而形成祖国的每个角落都在发展，每个人都得到关爱，每一项工作都有人去做，让社会主义精神文明之花开遍祖国大地，促进全社会财富持续不断增长和社会文明程度不断提高之间的融合与协调。

第七章　弘扬雷锋精神的制度保障

习近平总书记高度重视弘扬雷锋精神，多次发表重要讲话并作出重要批示，强调传承雷锋精神。雷锋所表现出的爱国情怀，为他人为社会奉献等精神，与当今中国社会弘扬的社会主义核心价值观有着高度的契合，显现了中国传统文化对真善美的追寻与倡导，是中华优秀传统文化、革命文化和社会主义先进文化的集中体现。弘扬雷锋精神不仅是历史和人民的选择，更是时代的呼唤。

当前的中国正处于社会转型期，市场经济的负面效应强化了人们的趋利意识，有些人在利益面前丢弃了诚信和原则，将追逐自身利益作为唯一目的。随着改革开放的深入，中国的国门逐渐打开，西方的极端利己主义等思想也随之进入了中国，信息社会海量信息扑面而来，给人们的价值观形成巨大冲击。弘扬雷锋精神面临诸多新情况，通过强化制度建设，拨乱反正、以正视听，使人们对真善美抱有坚定的信心，是极为重要的举措。

道德建设需要导引与约束的有机结合，在良好的制度和环境之中，有利于人们做好事学雷锋。人们学雷锋做好事不会遭到人们的冷嘲热讽，更不会出现被"反咬一口"的情况，道德行为理应得到来自社会的赞扬与夸奖。

一、尊崇英雄烈士，守护精神家园

一个有希望的民族不能没有英雄，一个有前途的国家不能没有先锋。党的十八大以来，习近平总书记曾在不同时期、不同场合表达过对英雄的崇敬之情，并号召全社会都要崇尚英雄、捍卫英雄、学习英雄、关爱英雄。英雄是时代的标杆，是民族最闪亮的坐标。习近平总书记指出："中华民族能够经历无数灾厄仍不断发展壮大，从来都不是因为有救世主，而是因为在大灾大难前有千千万万个普通人挺身而出、慷慨前行！"① 中华民族历来崇尚英雄，敬仰英雄。

英雄的名誉，我们有法律保护；怀念英雄，我们有法定纪念日。2018 年 4 月 27 日，十三届全国人大常委会第二次会议通过《中华人民共和国英雄烈士保护法》。2014 年 2 月 27 日，十二届全国人大常委会第七次会议表决通过，将 9 月 3 日设立为中国人民抗日战争胜利纪念日。2014 年 8 月 31 日，十二届全国人大常委会第十次会议表决通过，将 9 月 30 日设立为烈士纪念日，并规定每年 9 月 30 日国家举行纪念烈士活动。

《中华人民共和国英雄烈士保护法》第二条指出，"国家和人民永远尊崇、铭记英雄烈士为国家、人民和民族作出的牺牲和贡献。近代以来，为了争取民族独立和人民解放，实现国家富强和

---

① 习近平：《在全国抗击新冠肺炎疫情表彰大会上的讲话》，《人民日报》2020年 9 月 9 日。

人民幸福，促进世界和平和人类进步而毕生奋斗、英勇献身的英雄烈士，功勋彪炳史册，精神永垂不朽。"① 为全面加强对英雄烈士的保护，英雄烈士保护法共计 30 条，围绕着国家褒扬、纪念、宣传英雄烈士等多个方面作出规定。《中华人民共和国英雄烈士保护法》中指出，"国家建立并保护英雄烈士纪念设施，纪念、缅怀英雄烈士，英雄烈士纪念设施保护单位应当健全服务和管理工作规范，方便瞻仰、悼念英雄烈士，保持英雄烈士纪念设施庄严、肃穆、清净的环境和氛围。"② "任何组织和个人不得在英雄烈士纪念设施保护范围内从事有损纪念英雄烈士环境和氛围的活动，不得侵占英雄烈士纪念设施保护范围内的土地和设施，不得破坏、污损英雄烈士纪念设施。"③

《中华人民共和国英雄烈士保护法》第十四条指出，"英雄烈士在国外安葬的，中华人民共和国驻该国外交、领事代表机构应当结合驻在国实际情况组织开展祭扫活动。国家通过与有关国家的合作，查找、收集英雄烈士遗骸、遗物和史料，加强对位于国外的英雄烈士纪念设施的修缮保护工作。"④2020 年 9 月 27 日，中韩双方在韩国仁川国际机场共同举行在韩中国人民志愿军烈士遗骸交接仪式，双方交接了 117 位在韩中国人民志愿军烈士遗

---

① 《中华人民共和国英雄烈士保护法》，法律出版社 2018 年版，第 1 页。
② 《中华人民共和国英雄烈士保护法》，法律出版社 2018 年版，第 3 页。
③ 《中华人民共和国英雄烈士保护法》，法律出版社 2018 年版，第 4 页。
④ 《中华人民共和国英雄烈士保护法》，法律出版社 2018 年版，第 4 页。

骸及相关遗物。①2020 年 9 月 28 日上午，第七批在韩中国人民志愿军烈士遗骸安葬仪式在沈阳抗美援朝烈士陵园举行。117 位志愿军烈士英灵回到祖国和人民的怀抱，在中华大地上安息。②据统计，2014 年至 2019 年间，中韩双方已连续 6 年成功交接了599 位在韩中国人民志愿军烈士遗骸。③

英雄烈士是民族精神的基石，捍卫英雄烈士的荣誉与尊严，就是捍卫民族尊严、捍卫国家的前途命运。《中华人民共和国英雄烈士保护法》第二十二条指出，"禁止歪曲、丑化、亵渎、否定英雄烈士事迹。英雄烈士的姓名、肖像、名誉、荣誉受法律保护。任何组织和个人不得在公共场所、互联网或者利用广播电视、电影、出版物等，以侮辱、诽谤或者其他方式侵害英雄烈士的姓名、肖像、名誉、荣誉。任何组织和个人不得将英雄烈士的姓名、肖像用于或者变相用于商标、商业广告，损害英雄烈士的名誉、荣誉。"④

中共中央、国务院 2019 年 10 月印发实施的《新时代公民道德建设实施纲要》中指出，"我们要尊崇褒扬、关心关爱先进人

---

① 新华网.中韩双方交接第七批 117 位在韩中国人民志愿军烈士遗骸［EB/OL］.（2020-09-27）［2021-02-17］.http://www.xinhuanet.com/world/2020/09/27/c_1126547492.htm.

② 新华网.第七批在韩中国人民志愿军烈士遗骸在沈阳安葬［EB/OL］.（2020-09-28）［2021-02-17］.http://www.xinhuanet.com/2020/09/28/c_1126553523.htm.

③ 人民网.117 位英雄归国　中韩交接第七批中国人民志愿军烈士遗骸［EB/OL］（2020-09-27）［2021-02-17］.http://www.world.people.com.cn/gb/n1/2020/0927/c1002-31876755.html.

④ 《中华人民共和国英雄烈士保护法》，法律出版社 2018 年版，第 6 页。

物和英雄模范，建立健全关爱关怀机制，维护先进人物和英雄模范的荣誉和形象，形成德者有得、好人好报的价值导向。"① 我们可以发现，在国家大力弘扬英雄精神的同时，也出现了一些别有用心的人，利用网络消解和恶搞英雄。不仅抹黑了英雄的光辉形象，也混淆了是非曲直。江苏淮安谢勇烈士名誉权纠纷诉讼案是《中华人民共和国英雄烈士保护法》实施后全国首例适用该法进行审判的案件，是以检察机关提起公益诉讼方式保护当代消防英烈名誉、维护社会公共利益的典型案例。在本案中，谢勇烈士的英雄事迹和精神为国家所褒扬，成为全社会、全民族宝贵的精神遗产，其名誉、荣誉等人格权益已经上升为社会公共利益，不容亵渎。曾某利用成员众多、易于传播的微信群聊，故意发表带有侮辱性质的不实言论，歪曲烈士谢勇英勇牺牲的事实，诋毁烈士形象，已经超出了言论自由的范畴，侵害了谢勇烈士人格权益和社会公共利益。本案公正裁决顺应时代要求，回应民众呼声，通过释法说理匡扶正义，传播社会正能量，弘扬时代主旋律，对营造崇尚英烈、敬重英烈、捍卫英烈精神的社会环境以及引导公众树立正确的历史观、民族观、文化观，起到积极作用。②

《中华人民共和国英雄烈士保护法》实施以来，各项相关工作积极开展，成效显著，在全社会形成了尊崇缅怀铭记英烈的良好风尚。英雄烈士保护法建立健全了英雄烈士纪念缅怀等制

---

① 《新时代公民道德建设实施纲要》，人民出版社 2019 年版，第 12 页。
② 中国法院网 . 淮安谢勇烈士名誉权纠纷公益诉讼案［EB/OL］（2020-05-30）［2021-02-17］.http://www.chinacowrt.org/article/detail/2020/05/id/5214649.shtml.

度，通过立法的方式向人民群众宣示了党和国家尊崇、学习、关爱、捍卫英雄烈士精神的价值导向，提供了有力的法律保障。进入新时代，踏上新征程，牢固树立保护英雄烈士的鲜明价值导向，纪念缅怀英烈功绩，培育和践行社会主义核心价值观，必将激发广大人民群众弘扬传承英烈精神，凝聚起实现中华民族伟大复兴中国梦的强大精神力量，夺取新时代中国特色社会主义新胜利。

在党、国家、军队建设中，一些人作出了突出贡献，对他们授予荣誉勋章和称号，能够充分体现杰出典范的神圣与崇高，激励全体中国人民向他们学习。由此，党的十八大以来，党、国家、军队颁布了一系列法规和文件。

为了培育和弘扬社会主义核心价值观、增强中国特色社会主义事业凝聚力和感召力，2015 年 12 月 14 日，中共中央政治局会议审议通过《关于建立健全党和国家功勋荣誉表彰制度的意见》，对党和国家功勋荣誉表彰制度作了整体设计，并对评选、颁授和待遇等作出了相应规定，为做好功勋荣誉表彰工作提供了依据和遵循。

2015 年 12 月 27 日，十二届全国人大常委会第十八次会议通过了《中华人民共和国国家勋章和国家荣誉称号法》。这部关于国家勋章和国家荣誉称号的专门法律，将国家勋章的授予对象明确为"在中国特色社会主义建设和保卫国家中作出巨大贡献、建立卓越功勋的杰出人士。"① 这是国家勋章和国家荣誉称号，是

---

① 《中华人民共和国国家勋章与国家荣誉称号法》，中国法制出版社 2016 年版，第 2 页。

国家最高荣誉。为了具体做好功勋荣誉表彰的相关工作，我国还出台了《中国共产党党内功勋荣誉表彰条例》《国家功勋荣誉表彰条例》《军队功勋荣誉表彰条例》《"共和国"和国家荣誉称号授予办法》等一系列表彰制度。党和国家功勋荣誉表彰制度是国家激励奖赏的一种制度性安排。

一个人为党、国家和人民作出了功勋，具有崇高的精神风范，就应该给予很高的荣誉，得到全党全社会尊重。建立完善国家荣誉制度，对于弘扬民族精神和时代精神，激发全国各族人民建设富强、民主、文明、和谐的社会主义国家的积极性，实现中华民族伟大复兴，具有重大意义。国家荣誉影响力巨大，它代表国家形象，荣誉获得者是践行国家主流价值的典型代表。要充分发挥各方面英模人物的榜样作用，大力激发社会正能量，为实现中国梦提供强大的精神动力。

2020 年 9 月，全国抗击新冠肺炎疫情表彰大会在北京召开。在表彰大会上，钟南山被授予"共和国勋章"，张伯礼、张定宇、陈薇被授予"人民英雄"国家荣誉称号。① 与此同时，表彰大会上还有 1499 人被授予"全国抗击新冠肺炎疫情先进个人"称号，500 个集体被授予"全国抗击新冠肺炎疫情先进集体"称号，② 200

---

① 新华社.全国抗击新冠肺炎疫情表彰大会在京隆重举行，习近平向国家勋章和国家荣誉称号获得者颁授勋章奖章并发表重要讲话 [EB/OL] . (2020-09-08) [2020-12-19] . http://www.gov.cn/xinwen/2020-09/08/content_5541722.htm.

② 新华社.闪耀啊，英雄的群星！——全国抗击新冠肺炎疫情先进个人和先进集体群像扫描 [EB/OL] . (2020-09-12) [2020-12-19] . http:/www.gov.cn/xinwen/2020-09/12/content_5542990.htm.

名共产党员被授予或追授"全国优秀共产党员"称号，150 个基层党组织被授予"全国先进基层党组织"称号。① 在这场战役中，展现了我国广大医务工作人员的高尚情操。我国广大医务人员是有高度责任感的人，身患渐冻症的张定宇同志说："我必须跑得更快，才能从病毒手里抢回更多病人。"钟南山同志说："其实，我不过就是一个看病的大夫。"人民群众说："有你们在，就安心！"② 习近平总书记在会上强调："在这场同严重疫情的殊死较量中，中国人民和中华民族以敢于斗争、敢于胜利的大无畏气概，铸就了生命至上、举国同心、舍生忘死、尊重科学、命运与共的伟大抗疫精神。"③

二、规范志愿服务，促进社会进步

雷锋精神的实质和核心是全心全意为人民服务，用雷锋的话来说就是"要把有限的生命投入到无限的为人民服务之中去"。④《新时代公民道德建设实施纲要》中指出，"我们要深入推进学雷

---

① 中国共产党新闻网.中共中央关于表彰全国优秀共产党员和全国先进基层党组织的决定 [EB/OL].（2020-09-08）[2020-12-19].http://cpc.people.com.cn/n1/2020/0908/c419242-31854196.html.

② 习近平：《在全国抗击新冠肺炎疫情表彰大会上的讲话》，《人民日报》2020年 9 月 9 日。

③ 习近平：《在全国抗击新冠肺炎疫情表彰大会上的讲话》，《人民日报》2020年 9 月 9 日。

④ 雷锋：《雷锋日记》，解放军文艺出版社 1964 年版，第 59 页。

锋志愿服务。"① 学雷锋和志愿服务是践行社会主义道德的重要途径。我国志愿服务的发展与学雷锋活动关系密切，雷锋精神是志愿精神的重要源泉和道德基础，是中国志愿服务精神的核心表达，志愿服务是雷锋精神的传承载体和表现形式。志愿服务的蓬勃兴起，使学雷锋活动在新时代有了新的实践载体。志愿服务是学雷锋活动的平台，广大人民群众可以通过积极参与志愿服务来弘扬和践行雷锋精神，通过志愿服务更好地将雷锋精神内化于心、外化于行。

习近平总书记指出："我们要见贤思齐，把雷锋精神代代传承下去"。② 自从 1963 年毛泽东同志亲笔题词"向雷锋同志学习"后，千百万青年投身关心社会、帮助他人的服务活动，营造了良好的社会风气。③ 当前中国特色社会主义进入新时代，党的十九大提出"推进诚信建设与志愿服务制度化，强化责任意识、规则意识、奉献意识"④，将志愿服务纳入实现党的"两个一百年"奋斗目标的统一部署、纳入共建共治共享的社会治理新

---

① 《新时代公民道德建设实施纲要》，人民出版社 2019 年版，第 17 页。
② 人民网.学习雷锋精神听听习近平总书记的 10 句嘱托［EB/OL］.（2019-03-05）［2020-12-17］. http://cpc.people.com.cn/xuexi/n1/2019/0305/c385474-30957918.html.
③ 谭建光：《志愿服务：理念与行动》，人民出版社 2014 年版，第 84 页。
④ 人民网.把学习贯彻党的十九大精神与习近平新时代中国特色社会主义思想引向深入——中国诚信建设高峰论坛在京召开［EB/OL］.（2018-01-31）［2020-12-17］. http://dangjian.people.com.cn/n1/2018/0131/c137688-29798448.html.

格局。因此，弘扬并践行雷锋精神进入了新的时期，新时代深化学习雷锋精神，重要的内涵是加快志愿服务制度化建设进程。

志愿服务是现代社会文明进步的重要标志，是加强精神文明建设、培育和践行社会主义核心价值观的重要内容。2017 年国务院批准并印发实施的《志愿服务条例》，鼓励和规范志愿服务的诸多内容，是保障志愿者、志愿服务组织、志愿服务对象的合法权益，发展志愿服务事业，培育和践行社会主义核心价值观，促进社会文明进步的法规。它对志愿服务的基本原则、管理体制、权益保障、促进措施等作了全面规定。

《关于推进志愿服务制度化的意见》中指出，"推进志愿服务制度化的指导思想是高举中国特色社会主义伟大旗帜，以邓小平理论、'三个代表'重要思想、科学发展观为指导，贯彻落实习近平总书记系列讲话精神，坚持把开展志愿服务与创新社会治理结合起来，与学雷锋活动结合起来，大力弘扬'奉献、友爱、互助、进步'的志愿精神，建立完善长效工作机制和活动运行机制，积极构建中国特色志愿服务制度，推动志愿服务活动广泛深入开展，营造我为人人、人人为我的良好社会风尚。"①

建立健全志愿服务制度，需要规范志愿者招募注册，加强志愿者培训管理，建立志愿服务记录制度，健全志愿服务激励机

---

① 关于推进志愿服务制度化的意见［EB/OL］．中国文明网，（2014-02-26）［2020-12-19］．http://www.wenming.cn/zyfw_298/yw_zyfw/201402/t20140226_1768314.shtml.

制，完善政策和法律保障。志愿者的招募和注册，是组织引导人们参加志愿服务的重要环节，积极培育全社会志愿服务的自觉性，营造有利于志愿服务发展的环境，引导广大人民群众树立起志愿服务的意识。做好志愿者的教育培训和日常管理，是提高志愿者素质和志愿服务水平的前提和基础。志愿服务活动结束后，由城乡社区、志愿服务组织、公益慈善类组织、社会服务机构等，根据统一的内容、格式和记录方式，对志愿者的服务进行及时、完整、准确记录，为表彰激励提供依据。建立志愿者嘉许制度，褒扬和嘉奖优秀志愿者，授予荣誉称号。建立志愿服务回馈制度，志愿者利用参加志愿服务的工时，换取一定的社区服务，同时在就学、就业、就医等方面享受优惠或优待。回馈要适度，充分体现志愿服务自愿、无偿、利他的特点，不能搞成等价交换。回馈制度是志愿服务制度化创新的重要环节，回馈制度有利于激发志愿者的激情和动力，同时也能让志愿者更有成就感。将志愿服务的要求融入各项经济、社会政策之中，体现到市民公约、村规民约、学生守则、行业规范之中，提倡和鼓励志愿服务的行为，维护志愿者的正当权益，形成崇尚志愿服务的社会氛围。①

我们可以发现，当前绝大部分人民群众是愿意去做好事的，然而在做好事时，往往会有两个方面的顾虑，一是担忧反而被误

---

① 关于推进志愿服务制度化的意见 [EB/OL].中国文明网，（2014-02-26）[2020-10-17].http://www.wenming.cn/zyfw_298/yw_zyfw/201402/t20140226_1768314.shtml.

认为是过错方而遭受委屈，二是遭受严重失信的人诬陷。无论是出于哪方面的担忧，都会严重影响志愿服务形成良好风尚。由此，显示了弘扬雷锋精神需要法律和制度作为保证的重要性，我们需要建立健全做好事的保障制度和社会信用体系。对帮助他人的利他行为给予高度肯定，对失信的人进行惩罚，不让做好事的人寒心。通过一系列的制度保障，在公民行为的价值追求方面，寻求道德要求和法制规范的高度融合，既提出道德义务方面的导向性要求，又明确法制规范的刚性约束。

弘扬雷锋精神，不仅需要大力的宣传，也需要一个良好的制度环境、一个健全的社会信用体系。中央文明委、中央文明办先后出台了一系列的重要文件，比如，《关于推进志愿服务制度化的意见》《关于支持和发展志愿服务组织的意见》《关于公共文化设施开展学雷锋志愿服务的实施意见》《社区志愿服务方案》《志愿服务条例》等，为学雷锋志愿服务的持续有效开展，提供了有力的体制保障、政策保障、法律保障。要弘扬雷锋精神和奉献、友爱、互助、进步的志愿精神，围绕重大活动、扶贫救灾、敬老救孤、恤病助残、法律援助、文化支教、环境保护、健康指导等，广泛开展学雷锋和志愿服务活动，引导人们把学雷锋和志愿服务作为生活方式、生活习惯。推动志愿服务组织发展，推进学雷锋志愿服务制度化常态化，使"我为人人、人人为我"蔚然成风。这样才能保证雷锋精神的可持续发展。

三、崇尚劳动光荣，培育工匠精神

雷锋精神作为中华民族优秀传统美德的集中体现，它产生于劳动者的劳动过程，发展于劳动者的伟大实践，传承于人类社会的文化积淀，彰显了社会主义核心价值体系的本质内涵，雷锋精神集认知逻辑与实践目的于一体，雷锋精神是永恒的。尽管每个时代对雷锋精神的理解有所不同，但是雷锋精神永远集中体现中国共产党人的初心，是中华民族伟大复兴的精神财富，是新时代建设现代化强国的精神力量，是新时代践行社会主义核心价值观的方向标，是集聚新时代社会发展正能量的精神火炬，是促进社会公平正义的大爱丰碑。新时代弘扬雷锋精神，需要将雷锋精神融入建设社会主义现代化强国的征程中，将弘扬雷锋精神与传承劳模精神、劳动精神、工匠精神有机结合起来，鼓励广大劳动者争做新时代的奋进者。

学习雷锋爱岗敬业的工匠精神，可以纠正当下社会心浮气躁、过分追求短期利益的弊病，为社会主义市场经济健康发展营造良好的社会氛围。学习雷锋勤业精业的匠心，可以淬炼出更先进的技术与品质更高的产品，推动制造向智造的转型，可以为"大众创业、万众创新"提供不竭的创新动力。打造具有雷锋特色的中国匠心，可以为产业转型升级、市场健康发展，提质增效。在学雷锋的过程中，我们要深入挖掘雷锋精神的内涵，既学习雷锋的无私奉献，也学习他"爱岗敬业、精益求精"的工匠精神，不断修炼匠心，传播向善力量。

当前，劳模精神、劳动精神、工匠精神受到来自社会各界的广泛关注。党的十九大号召全社会弘扬劳模精神和工匠精神，提出"建设知识型、技能型、创新型劳动者大军，弘扬劳模精神和工匠精神，营造劳动光荣的社会风尚和精益求精的敬业风气"。①2017年中共中央、国务院联合印发的《新时期产业工人队伍建设改革方案》强调，"大力弘扬劳模精神、劳动精神、工匠精神，引导产业工人爱岗敬业、甘于奉献，培育健康文明、昂扬向上的职工文化。"② 弘扬雷锋精神，就是希望广大人民群众能够在平凡与伟大、个人与社会、生活与理想之间找到结合点，能够在平凡的岗位上发光发热成就不平凡的人生。

劳动精神是每一位劳动者为创造美好生活而在劳动过程秉持的劳动态度、劳动理念及其展现出的劳动精神风貌。"我们要在全社会大力弘扬劳动精神，提倡通过诚实劳动来实现人生的梦想、改变自己的命运。"③ 关于劳动，习近平总书记强调，"劳动是财富的源泉，也是幸福的源泉。人世间的美好梦想，只有通过

---

① 人民网.天津代表热议建设知识型、技能型、创新型劳动者大军新要求 [EB/OL] .（2017-10-26）［2020-12-19］. http://tj.people.com.cn/nz/2017/1026/ c375366-30858485.html.

② 中共中央、国务院印发《新时期产业工人队伍建设改革方案》[EB/ OL].新 华 社（2017-06-19）［2020-10-17］. http://www.xinhuanet.com/poli- tics/2017-06/19/c_1121171689.htm.

③ 新华网.习近平：人世间美好梦想只有通过诚实劳动实现 [EB/ OL] .新 华 社（2013-04-28）［2020-10-17］.https://china.huanqiu.com/ article/9CaKrnJAj3U.

诚实劳动才能实现；发展中的各种难题，只有通过诚实劳动才能破解；生命里的一切辉煌，只有通过诚实劳动才能铸就。"① 中华文化素来蕴含着劳动与奋斗的深层底蕴，我们常言民生在勤、勤则不匮。习近平总书记一再强调"劳动最光劳、劳动最崇高、劳动最伟大、劳动最美丽"②。劳动创造了中华民族的辉煌历史，也推动了中华民族的伟大复兴。劳动创造了中华民族，造就了中华民族的辉煌历史，也必将创造出中华民族的光明未来。爱岗敬业、争创一流、艰苦奋斗、勇于创新、淡泊名利、甘于奉献的劳模精神和坚守执着、精益求精、专业专注、追求极致、一丝不苟、自律自省的工匠精神，都是雷锋精神在劳动方面的具体体现。劳模精神是劳模之所以成为劳模，在平凡岗位上做出不平凡业绩所坚守的基本信念、价值追求、人生境界及其展现出的整体精神风貌。党的十九大报告强调，要建设知识型、技能型、创新型劳动者大军，弘扬劳模精神和工匠精神，营造劳动光荣的社会风尚和精益求精的敬业风气。在当代中国，各行各业对于爱岗敬业的工匠精神的需求更是雷锋精神的重要体现，干一行爱一行，爱一行干好一行，能够在每一个岗位上发扬工匠精神，才能更好地造福社会。

---

① 新华网．习近平：人世间美好梦想只有通过诚实劳动实现［EB/OL］．新华社（2013-04-28）［2020-10-17］.https://china.huanqiu.com/article/9CaKrnJAj3U.
② 人民网．习近平谈劳动：最光荣、最崇高、最伟大、最美丽［EB/OL］．（2019-05-01）［2021-02-17］.http://cpc.people.com.cn/n1/2019/0501/c164113-31060895-2.html.

《新时代公民道德实施纲要》指出，"要以先进模范引领道德风尚。伟大时代呼唤伟大精神，崇高事业需要榜样引领。要精心选树时代楷模、道德模范等先进典型，综合运用宣讲报告、事迹报道、专题节目、文艺作品、公益广告等形式，广泛宣传他们的先进事迹和突出贡献，树立鲜明时代价值取向，彰显社会道德高度。"① 要努力为广大群众学雷锋树立良好的社会风气。一要积极营造鼓励人们干事业、支持人们干事业的浓厚氛围，建设孕育典型的事业大舞台。二要树立崇尚典型、学习典型、赶超典型的良好氛围，营造良性竞争的社会大环境。要坚决反对和制止嫉妒、贬低、解构甚至打压先进典型的不正之风，维护典型人物的好形象，激发典型群体的正能量，强化典型教育的正效应。② 为推动劳动精神在全社会的发扬光大，让广大人民群众都热爱劳动。国家也采取了相应的措施，如每年五月一日颁布的"全国五一劳动奖章"是全国总工会为奖励在社会主义各项建设事业中作出突出贡献的职工而颁发的荣誉奖章。五一劳动奖章评选作为一项对全国劳动者进行褒奖的活动，其评选对象是所有为国家和经济建设作出突出贡献的劳动者，其中也包括私营企业的劳动者。通过选树劳动榜样人物，宣传劳动模范的相关事迹，在全社会形成劳动光荣的风气。应大力宣传劳动模范的先进事迹，号召全社会向他们学习、向他们致敬。必须为劳动模范更好施展才华、展现精神

---

① 《新时代公民道德建设实施纲要》，人民出版社 2019 年版，第 11 页。
② 《新时代公民道德建设实施纲要》，人民出版社 2019 年版，第 11 页。

品格提供全方位支持，使他们的劳动技能、创新方法、管理经验能广泛传播，充分发挥示范带动作用。劳动模范要珍惜荣誉、谦虚谨慎、再接再厉，不断在新的起点上为党和人民创造更大业绩。党和国家大力呼吁弘扬劳模精神、劳动精神、工匠精神，目的就在于让每一个人都热爱劳动，成为自食其力的劳动者，努力成为优秀的劳动者，争当广大劳动者群体中的佼佼者和大家学习的榜样。

除了高度重视对广大职工进行劳动教育以外，党和国家同样重视大中小学学生的劳动教育。2020年3月20日，中共中央、国务院印发《关于全面加强新时代大众小学劳动教育的意见》中指出，"要充分认识新时代培养社会主义建设者和接班人对加强劳动教育的新要求。劳动教育是中国特色社会主义教育制度的重要内容，直接决定社会主义建设者和接班人的劳动价值取向和劳动技能水平。"① 近年来，少数青少年出现了不珍惜劳动成果、不想劳动、不会劳动的现象，全社会必须高度重视劳动教育问题，采取相应的有效措施切实加强劳动教育。我们需要全面构建体现时代特征的劳动教育体系，同时广泛开展劳动教育实践活动，着力提升劳动教育支撑保障能力，切实加强劳动教育的组织实施。《关于全面加强新时代大众小学劳动教育的意见》出台后，各地纷纷按自身情况对其进行了解读，并部署了一系列措施发展劳动

---

① 中共中央 国务院关于全面加强新时代大中小学劳动教育的意见 [EB/OL]. 新华社, 2020-03-20 [2020-10-17]. http://www.xinhuanet.com/mrdx/2020-03/27/c_138922674.htm.

教育。各大中小学切实承担实施劳动教育的主体责任，设立劳动教育必修课程，发挥学校在劳动教育中的主导作用。各个学生的家庭要树立起劳动光荣的意识，家长要以身作则。各大中小学要通过各种活动，引导孩子养成爱劳动的好习惯，从而强化家庭在劳动教育中的基础作用。要发挥社会在劳动教育中的支持作用，各企业单位要积极履行社会责任，为学生提供劳动实践的场所等多方面的支持。政府应扩充劳动教育资源，保证劳动教育的经费投入，加强劳动教育的师资队伍建设。通过国家、社会和家庭多方合作，为大中小学的劳动教育提供强有力的支持。

　　践行雷锋精神，坚持德行，体现着"凝与内而显于外"的德性。这是对道德价值的认同和判断，是道德资源长期沉淀和认同的产物。同时，德性的形成又依赖于德性所养成的行为习惯。[①]德性和德行之间的关系表明，德性的养成是坚守德行的基础，良好的社会环境又是滋润德性固化的不竭动力，而良好的社会环境则需要完善的制度为基础，良好的社会环境总是由优美的道德氛围和刚性的法制规范共同生成。在实现中华民族伟大复兴的历史背景下，在新时代中国特色社会主义的壮阔征途上，雷锋精神作为党的全心全意为人民服务根本宗旨的具体体现和实践阐释，作为实现中国梦的有力道德支撑，必然是我们干事创业、推动全面振兴全方位振兴所不可缺少的强大精神力量。

---

① 　缪斌：《道德调控与制度伦理》，《湖南社会科学》2009 年第 2 期。

第八章　践行新时代的雷锋精神

　　雷锋精神源于中华民族宝贵的精神文化资源，是对中华优秀传统文化的传承与弘扬，也是新时期社会主义核心价值观的生动体现，具有鲜明的时代价值。党的十八大以来，习近平总书记多次动情地谈到雷锋精神，2018年9月28日，习近平总书记在参观抚顺市雷锋纪念馆时指出："雷锋是时代的楷模，雷锋精神是永恒的。实现中华民族伟大复兴，需要更多时代楷模。我们既要学习雷锋的精神，也要学习雷锋的做法，把崇高理想信念和道德品质追求转化为具体行动，体现在平凡的工作生活中，作出自己应有的贡献，把雷锋精神代代传承下去。"① 新时代社会环境发生了深刻变化，如何解读和深化雷锋精神，怎样弘扬和光大雷锋精神，是需要深刻探讨的。

---

① 　人民网.学习雷锋精神 听听习近平总书记的10句嘱托[EB/OL].(2019-3-5)[2020-10-24].http://cpc.people.com.cn/xuexi/n1/2019/0305/c385474-30957918.html.

一、把握雷锋精神的时代特征

中国特色社会主义进入新时代，加强公民道德建设、提高全社会道德水平，是全面建成小康社会、全面建设社会主义现代化国家的战略任务。① 我们的目标是宏伟的，然而前进的征程上会遇到各种各样的困难，就道德建设而言，市场经济的负面效应会不断给道德建设提出挑战，过分追求个人利益、社会诚信缺乏成为当下必须着力克服的问题；信息时代的快速到来，让所有人无时无刻不面临海量信息，真假信息常常纠缠在一起，让人难以辨析，人们的道德信心时常会受到冲击。② 践行新时代的雷锋精神，必须分析和把握当今的时代特征，努力开展雷锋精神的社会实践，在坚守雷锋精神内涵和本质的同时，不断探索学雷锋活动内容和方法等方面的创新。

当今社会，人们的自主意识不断增强，它包括追求个性特点、崇尚自由境地、强调尊严重要，这些已成为现代社会的鲜明标识。在这样的背景之下，雷锋精神应该如何保持和发扬光大？我们认为雷锋精神与人的自我意识强化是不矛盾的，自我意识是维护人的尊严、体现独特人生的重要基础，千万个个性差异的人是社会丰富多彩的前提，人的自由与尊严是人精神追求极为重要的内涵，应该总体上得到肯定。然而，追求自我实现和强化自主

---

① 《新时代公民道德建设实施纲要》，人民出版社 2019 年版，第 1 页。
② 彭怀祖、徐红波：《凝聚新时代道德的力量》，《新华日报》2017 年 5 月 18 日。

尊严，必须建立在遵守社会规范基础之上，必须顾及社会的可能和他人的感受，以损害甚至牺牲他人和社会利益的自我追求是不道德的，雷锋精神是矫正一心只为自己的功利性过强社会现象的重要力量。

在弘扬雷锋精神时，应该充分考虑时代特点，尊重行为人在助人为乐方式和对象等方面的自主选择，在宣传道德行为时，必须得到行为人的同意，注重报道的真实性与恰当性，注重调动行为人持续助人为乐的积极性。应考虑被援助者等各方面人员的内心感受，尊严的内涵既包括自尊，也含有他尊，对被援助者的尊重十分重要，被援助者往往属于特殊群体，他们的内心是敏感的，保护他们的隐私，时时处处体现对他们的尊重，是社会进步的重要标志。

在社会主义市场经济条件下弘扬雷锋精神，必须警惕借学雷锋做好事之名，行"吃小亏占大便宜"之实的现象，如果给做好事者有诸多物质回报，或者给予配置资源方面的许多"加分"因素，也许社会相应规则制定者的出发点是好的，期盼由此形成道德行为方面的良性循环，然而，给予做好事者过多的物质方面的直接或间接倾斜，会形成资源配置的不公平现象，也容易让少数人达到以小的投入做好事，从而获取较大物质回报的目的，社会诚信格局就会被"撕开口子"，社会公平也会受到损害，这是全社会都应该引起警惕和警醒的。

当下，社会公平问题愈来愈受到关切，市场经济规则极大地释放和促进了人们的竞争意识，从而使社会财富总量持续提升有了基础性保证。然而，由于人与人之间存在差异性，许多人先天境况较弱，地域、交通、教育、自身条件等方面有着诸多差别，不能简单地把困难、落后和不努力完全等同起来。我们应该提倡的公平观念是，首先强调每个人审视自身条件并努力付出，社会应提供每个人通过劳动走向成功的机会，社会必须持续精准扶贫，不断加大教育等方面的投入，确保消除贫困现象，逐步消解代际差别的印记，确保全体人民的生活水平逐步改善，这是中国特色社会主义保障社会公平的重要着力点和基础工作。我们认为，每个人的努力工作都和社会公平目标的实现有着直接联系，社会充分体现效率，有着积极向上的氛围，这样的场景是雷锋精神的当代体现。

弘扬雷锋精神，会从一个方面有力促进社会公平，全体人民都能热爱劳动，不把幸福生活的到来寄托在外力援助方面，而是通过劳动改变自身面貌，这正是雷锋精神重要内涵敬业奉献的价值指向。让需要帮助的人们得到他人的援助，使每个人都感受到社会的关爱和温暖，是雷锋精神的重要内涵，让志愿服务成为社会风尚，成为每个人的自觉，这是向着社会公平目标奋进必不可少的内容。

二、强化雷锋精神的社会实践

雷锋精神的核心是信念坚定，是持续助人为乐，是不断敬业奉献。在实施社会主义市场经济体制的当下，坚定共产主义信仰，坚持中国特色社会主义制度，坚定走中国特色社会主义道路，会遇到各种阻力和干扰；轻视劳动、期盼少劳而获甚至不劳而获的现象仍时有发生；社会上仍有许多人会面临诸多困难，需要他人伸出友爱和援助之手。雷锋精神永远不会过时，必须强调每个人在社会生活中积极践行雷锋精神，使雷锋精神在新时期不断弘扬光大。

习近平总书记指出："理想信念就是共产党人精神上的'钙'，没有理想信念，理想信念不坚定，精神上就会'缺钙'，就会得'软骨病'。"① 理想信念说到底是相信不相信马克思主义是真理，相信不相信共产主义的理想能够实现，相信不相信中国特色社会主义道路是科学，承认不承认这是共产党人的精神支柱。② 进入新时代，我国意识形态领域的斗争更加尖锐，保持党的先进性、纯洁性依然任重道远，社会主义精神文明建设仍需一以贯之地抓好。作为一名共产党员、一名战士，雷锋时刻牢记自己的共产主义使命，把自己的命运同党和人民的事业紧紧联系在一起，用一生的行为去努力实现这个伟大的愿望。因此，大力弘扬雷锋精神，以雷锋精神筑牢人的思想道德基础，是新时代坚持和发展中国特色社会主义事业的必然要求。

弘扬雷锋精神重点在行动，只有全体公众积极投身学雷锋活动之中，雷锋精神的价值才能不断显现。中国共产党是执政党，

---

① 人民网.习近平谈信仰信念 [EB/OL].（2017-6-7）[2020-10-24].http://cpc.people.com.cn/n1/2017/0607/c64094-29322419.html.

② 王相坤.理想信念是共产党人精神上的"钙" [EB/OL].（2013-12-5）[2020-10-24].http://theory.people.com.cn/n/2013/1205/c40537-23757123.html.

党的宗旨是全心全意为人民服务，党员领导干部肩负重要责任，是促进社会风气向好的关键少数。党员领导干部手中有权力，在工作中能否做到恪尽职守、勇于担当、吃苦在前、享受在后，影响力是非常大的，如果他们能够带头学雷锋，其效应是非常显著的，如果极少数党员领导干部利用手中权力谋私利，则会对社会风尚起着较大的负面作用。

党的十八大以来，党中央强调全面治党，在全社会引起了广泛的良好反响，得到广大党员领导干部的广泛响应，涌现出许多弘扬雷锋精神的先进典型，社会风气持续向好，实践表明，党员领导干部在弘扬雷锋精神活动中，起着重要的带头和引领作用。

雷锋精神的永恒性在于其顺应了社会的实践要求①，他的本质和核心是全心全意为人民服务，为了人民的事业无私奉献②。雷锋精神的可贵之处表现在言行一致方面，在于平凡之中见伟大，细微之处见真情。正如他说的，"我要把有限的生命投入到无限的为人民服务之中去"③，他在实践中把高尚的共产主义道德修养和精湛的为人民服务本领相结合，在点滴的事情之中实现了平凡人生与伟大人格的辩证统一。雷锋坚定的理想信念、昂扬的精神斗志和高尚的道德追求，集中反映了当代社会主义核心价值体系的精髓和要义，为践行社会主义核心价值体系提供了光辉典

---

① 徐海峰、陈建光：《论雷锋精神的永恒性》，《辽宁省社会主义学院学报》2020年第1期。

② 罗文章：《雷锋精神的时代价值和实践意义》，《光明日报》2013年3月14日。

③ 中共哈尔滨市委宣传部编：《雷锋日记》，哈尔滨出版社2012年版，第3页。

范，也是进行社会主义核心价值体系教育的生动教材①。传承与弘扬雷锋精神，每个人都应该在生活中的点滴中、平凡的岗位上为社会、为他人服务，并通过自己的奉献与牺牲让社会变得更加美好。

《新时代公民道德建设实施纲要》提出"学雷锋和志愿服务是践行社会主义道德的重要途径"②。雷锋精神是志愿服务的灵魂，是中国共产党服务人民的鲜活形式与大众化表达，新时代一定要以雷锋精神引领志愿服务③。一方面要广泛开展学雷锋和志愿服务活动，在全社会推动一方有难八方支援的生动实践引导人们把学雷锋和志愿服务作为生活方式；另一方面推动志愿服务组织健康有序发展，完善激励褒奖制度，推进学雷锋志愿服务制度化常态化、推动志愿服务向专业化社会化，使"我为人人、人人为我"蔚然成风。

基于国家制造业转型和供给侧结构性改革的现实背景，弘扬和培育"工匠精神"成为新时代党和政府的重大战略。国家层面先后颁布的《国家职业教育改革实施方案》《新时期产业工人队伍建设改革方案》等系列文件，为新时代"工匠精神"的培育提供了政策指引。雷锋是共和国平凡而伟大的工匠，雷锋精神中的爱岗敬业与工匠精神有着内在紧密的契合性，正如雷锋在日记中

---

① 罗文章：《雷锋精神的时代价值和实践意义》，《光明日报》2013 年 3 月 14 日。
② 《新时代公民道德建设实施纲要》，人民出版社 2019 年版，第 17 页。
③ 冯颜利、张文娟：《以雷锋精神引领志愿服务》，《雷锋》2020 年第 7 期。

写道："对待工作要像夏天一样火热"①，"做一颗永不生锈的螺丝钉"②，新时期应大力学习雷锋将爱岗敬业内化为一种精神、一种品质，立足本职、忠于职守、锐意进取、精益求精，在实现中国梦的伟大征程中，用雷锋精神为工匠精神铸魂、淬火。

必须十分注重开展青少年学雷锋活动，青少年是长身体、学知识的重要时期，是世界观、人生观、价值观形成的关键时期，他们既对世界充满好奇和向往，又开始有着自己的判断和认识，春风化雨、润物细无声的思想政治教育，往往能起到良好的效果。在学习雷锋精神活动中，努力激发青少年的同情心和正义感，培养他们具有感恩向上的精神，具有吃苦耐劳的品质，是极为重要的。要通过榜样教育的真实性、先进性去感动青少年，注重学雷锋活动的刚性要求与自主选择的有机结合，真正让青少年通过学雷锋活动形成良好的精神风貌。

三、推进雷锋精神的守正创新

走进新时代，增强学雷锋活动的感染力、吸引力、影响力，增强全社会学雷锋的积极性、主动性、创造性必须坚持守正创新。守正是根基，要努力传承与挖掘雷锋精神的本质与规律，创新是活力，要紧扣时代脉搏，给学雷锋活动植入"创新因子"，从而使雷锋精神在新时代焕发出新的光彩，为推进新时代公民道

---

① 中共哈尔滨市委宣传部编：《雷锋日记》，哈尔滨出版社2012年版，第3页。
② 中共哈尔滨市委宣传部编：《雷锋日记》，哈尔滨出版社2012年版，第3页。

德建设、全面建设社会主义现代化国家作出应有贡献。

雷锋是中华民族传统文化的道德传承者，是信仰坚定的优秀的中国共产党党员，雷锋精神是激励人们成为实现"两个一百年"奋斗目标和中华民族伟大复兴中国梦的积极推动者、参与者。① 守雷锋精神之正需要着眼于以下几点：一是学习雷锋对党和国家的无限深情和对共产主义事业的坚定信仰，激励人们为中国特色社会主义共同理想而坚定奋斗。二是学习雷锋为公为民的奉献精神，忠实地践行全心全意为人民服务的宗旨，在平凡的岗位上留下了不平凡的足迹。三是学习雷锋助人为乐的优良品格，铸就乐观开朗的风格，以健康向上的精神拥抱社会。四是学习雷锋艰苦奋斗的创业精神，提倡勤俭节约、杜绝铺张浪费。

创新是中国共产党人的优秀品格，雷锋精神不是对中华优秀传统文化的简单复制，而是对中华优秀传统文化创造性转化和创新性发展。② 创雷锋精神之新须从以下三个方面着力：一是新时代弘扬雷锋精神要积聚信念的能量。中华民族伟大复兴的征程需要不忘初心、继续前进，不负人民重托、无愧历史选择，正如习近平总书记提出"我将无我，不负人民。我愿意做到一个'无我'的状态，为中国的发展奉献自己。"③ 要把人民放在心中最高

---

① 光明理论.在守正创新中构建雷锋精神研究高地［EB/OL］.（2019-6-11）［2020-10-24］.http://theory.gmw.cn/2019-06/11/content_32909497.htm.

② 光明理论.在守正创新中构建雷锋精神研究高地［EB/OL］.（2019-6-11）［2020-10-24］.http://theory.gmw.cn/2019-06/11/content_32909497.htm.

③ 新华网.习近平：我将无我，不负人民［EB/OL］.（2019-3-24）.［2020-10-24］.

位置，坚持一切为了人民、一切依靠人民，永远与人民同呼吸、共命运、心连心，永远把人民对美好生活的向往作为奋斗目标。二是新时代弘扬雷锋精神要树立大爱的胸怀。弘扬真善美，传播正能量，自觉践行社会主义核心价值观，不断夯实新时代中国特色社会主义的思想道德基础，为实现中华民族伟大复兴凝聚起强大精神力量。三是不断丰富拓宽学雷锋活动的广度与深度，创新活动内容、创新活动载体、创新活动方式，让雷锋精神历久弥新，在中国大地上焕发出勃勃生机。

无论时代怎样变化，雷锋精神最重要的内核——助人为乐、敬业奉献是不能改变的，是必须坚守的。

坚持助人为乐，就是高扬为他人和社会自觉牺牲自我利益的精神，就是强调自觉性、利他性、持续性的雷锋精神特征。在助人为乐的具体实施过程之中，应体现出当今时代的特点。

在服务内容方面，应当提倡根据可能、力所能及的原则，不能简单认为援助他人的金额越高行为就越高尚，应该充分考虑行为人的自身条件与可能，确保不会因为援助他人而使行为人自身形成困难的局面。

在服务对象方面，应当提倡注重公平、强调需要的原则，要帮助真正需要帮助的人，帮助自身努力劳动仍不能改变贫困面貌的人，不能形成许多人在为他人努力付出，一些人却在别人的付出中坐享其成的局面。

在服务时间方面，集中开展一些活动，强化宣传效果和影响力，有其可取之处，更为重要的是，必须注重学雷锋的持久性，一定要使学雷锋活动成为全社会的常态，成为所有人的行为自觉，积极鼓励全体公众在他人遇到困难时自觉伸出援手，在社会出现突发事件时勇敢挺身而出，使助人为乐成为社会风尚。

在服务方式方面，应该要求每个援助人都要充分尊重被援助人，要保护被援助人的隐私，鼓励他们战胜各种困难，让他们体会到社会和他人的温暖，不能因为接受了援助，就产生委屈、低人一等的想法，真正做到尊重所有的被援助者，使援助者和被援助者，都通过助人为乐活动感到快乐、受到鼓舞。

在服务动因方面，必须强调不求物质回报，如果给予助人为乐活动以诸多物质奖励，就会遮蔽助人为乐活动的高尚性、纯粹性，从而削弱这类行为的力量，容易使这些活动滑向市场交易的范畴，应该认识到，助人为乐的本质是自觉付出，唯有不求物质回报，才能显示行为的崇高，体现行为的公平。

坚持敬业奉献，必须有这样的认识，敬业是对所有人的要求，奉献是值得高扬的行为，应得到充分尊重。必须颂扬热爱劳动，通过劳动改变自身面貌，在劳动中获得快乐的场景，每个人都应把自己的兴趣同祖国、社会的需要高度结合起来，在工作中不计个人得失，为社会主义建设发光、发热，贡献自己的聪明才智。

在敬业奉献的具体实施过程之中，同样需要体现时代特征。

高扬敬业奉献，就是要求所有人消除对待劳动的畏难情绪，形成劳动最光荣的良好社会风气。当下，必须克服少数人身上存在的依赖父辈积累，给自己懈怠寻找借口的状况，必须明确，通过自身艰苦劳动是获得幸福生活的唯一途径，只有努力付出，才能珍惜劳动成果，才能享受到收获的无穷乐趣。

必须高扬有些人在选择工作时体现出的奉献精神，他们能够响应党和国家号召，到祖国最需要的地方去，为祖国和人民的利益牺牲自己的一切；必须鼓励有些人在工作时刻苦钻研，能够牺牲自己的业余时间，全身心投入到工作之中，以自己多为祖国作出贡献为荣；必须提倡有些人将自己的工作成果让他人与社会分享的义举，这些都是非常高尚的行为。

应该充分认识敬业奉献的崇高性，在市场经济条件下，社会分工越来越细密，人与人之间的物质、文化差距客观存在，但是，工作是没有高低贵贱的，无论任何人从事任何工作，只要做到了敬业奉献，就应该受到全社会的尊重，必须通过高扬敬业奉献，逐渐消减市场经济条件下功利性过强的倾向。

时代在变化中前进，人类在努力中进步，无论时代怎样变化，人类如何发展，人的正义和善良一定是弥足珍贵的，是永放光芒的，人为他人和社会自觉牺牲自身利益的理念和实践，永远具有崇高和神圣性。从这方面出发审视雷锋精神的内核，就可以发现，助人为乐和敬业奉献，它不仅是中国精神文明建设的重要内涵，也是人类文明的重要体现和力量，无论社会条件怎样变化，总是有人需要他人伸出援手、给予帮助，帮助他人与社会是高尚的；努力工作一定是所有美好生活的源泉，对工作的热爱与投入必须得到称颂。

　　我们进入了中国特色社会主义新时代，中国人民的生活在不断改善，大家齐心协力为中华民族伟大复兴而奋斗，市场经济规则激发出活力，改革开放不断深入，信息时代扑面而来，人们的自主、尊严意识不断增强，社会活力持续得到强化，社会强烈呼唤公平与正义，这些因素给助人为乐、敬业奉献注入了诸多新的内容和规范，提出了新的课题和要求，必须根据当代特点书写好助人为乐、敬业奉献的新篇章，让助人为乐、敬业奉献成为新时代每个人的行为自觉，让雷锋精神在社会精神文明进步与发展中不断发挥作用。

附录一 《雷锋日记》选编

1958 年 6 月 7 日

……如果你是一滴水，你是否滋润了一寸土地？如果你是一线阳光，你是否照亮了一分黑暗？如果你是一颗粮食，你是否哺育了有用的生命？如果你是一颗最小的螺丝钉，你是否永远坚守在你生活的岗位上？如果你要告诉我们什么思想，你是否在日夜宣扬那最美丽的理想？你既然活着，你又是否为未来的人类的生活付出你的劳动，使世界一天天变得更美丽？我想问你，为未来带来了什么？在生活的仓库里，我们不应该只是个无穷尽的支付者。

1958 年 6 月 × 日

一、保证克服一切困难，勤学苦练，早日学会技术。

二、保证破除迷信，大闹技术革命。

三、保证维护好机械，做到勤检查，勤注油；保证全年安全生产，不出机械和人身事故。

四、保证以冲天的革命干劲，以百战百胜的精神，苦干、实干、巧干，超额完成生产任务。

五、保证百分之百地参加学习和各种会议，以求得政治、文化、技术各方面的提高。

六、保证做好社会宣传工作，敢想、敢说、敢干，发挥一个共青团员应有的热情。

1958 年 10 月 11 日

一、加强修养，努力学习团纲、团章和有关团员修养的书籍，处处听党的话……

二、把自己的全部力量献给党的建设事业。在生产中，一定完成任务，一红到底，有一分热发一分光。

三、虚心向群众学习，并以团员的模范作用，带动群众前进。

四、掌握批评与自我批评的武器，经常向支部汇报自己的思想情况。在支部的直接领导、监督下，努力改造自己的思想。

1958 年 11 月 1 日

亲爱的同学、革命的战友，愿你跨上战马，高举战旗，在社会主义建设中让我们携手前进！

——给秦中华的赠言

1958 年 × 月 × 日

"愿你的青春像鲜花一样，在祖国的土地上散发芬芳""伟大的理想产生于伟大的毅力"，请你记住这两句话，祝你在平凡的工作中，锻炼成为一个真正的共产主义战士。

1959年8月26日

自从鞍山转到弓长岭以来，自己就抱定决心：一定要很好地工作、学习，争取加入中国共产党。对各种学习任务都能认真完成；自学较好，每天早晨学习一小时，晚上总是要自学到深夜10至11点钟；早晨坚持做早操，没有违反过纪律，都能按规定去做。今后，我应当继续加强组织纪律性，向违法乱纪行为作斗争，严守纪律，听从指挥，作好机器检查和保养，保证安全，消灭事故。努力学习政治，开展思想斗争和批评与自我批评，加强团结，虚心学习。

1959年9月8日

受奖大会上的发言

我这样一个孤苦伶仃的穷孩子，今天能够参加这样光荣的大会，心中感到十分光荣，万分感激党对我的教育和培养。我的一切都是党给我的。光荣应该归于培养教育我成长的党，应该归于热情帮助我进步的同志们。

我懂得一朵花打扮不出春天来，只有百花齐放才能春色满园的道理。

一花独秀不是春，百花齐放春满园。

1959 年 9 月 × 日

敬爱的师傅们：

自从我去年 11 月间离开机关，踏入了伟大的工人阶级队伍，我是感到非常荣幸的。

工厂党委对我的亲切关怀和师傅的耐心指教，以及大家的帮助，使我很快地学会了新的技术。这是党的光荣，也是师傅们的光荣，是我个人的荣幸。师傅们，我们一定要继续努力，克服困难，为完成党交给的任务而贡献出我们的一切力量。

今天我又感到十分惭愧，我入厂到现在没有为党做出多大的成绩。通过今天的大会，我明确了只有依靠伟大的党和广大群众，克服一切困难，积极热情地工作，才能做出成绩。现在我只有以实际行动，以出色的成绩来感谢党和师傅们的亲切关怀和照顾。在这里，我向党宣誓，向党保证：

1. 我保证听党的话，服从组织调配。

2. 向先进学习……破除迷信，发扬敢想敢干的共产主义的高尚风格，向科学堡垒进攻。

3. 保证勤学苦练，虚心向师傅们请教，求得对机械的彻底了解和运用。

4. 保证百分之百出勤。

5. 保证按时参加各种会议和学习，在两年内争取成为能文能武的多面手。

6. 不违反劳动纪律，踏踏实实地工作。

1959 年 10 月 25 日

青春呵！永远是美好的。可是真正的青春，只属于这些永远力争上游的人，永远忘我劳动的人，永远谦虚的人。

1959 年 10 月 × 日

1958 年入厂的时候，我只是一个抱着感恩的思想埋头苦干的工人，在生产上只能做到完成自己的任务和达到每天的定额。

后来，在党的教育下……才使我的思想和眼界变得更加开朗和远大，才使我的干劲越来越高涨。

由于党的教育，我懂得了这个道理：一朵鲜花打扮不出美丽的春天，一个人先进总是单枪匹马，众人先进才能移山填海。

1959 年 11 月 2 日

向市劳动模范张秀云学习。首先学习她高度的主人翁责任感，对党对社会主义建设事业的赤胆忠心；学习张秀云同志积极主动、帮助别人、大公无私、舍己为人的共产主义思想和团结群众的优良作风；学习她坚持向群众学习、不断充实自己、谦逊好学的精神。

1959 年 11 月 13 日

我们在建设焦化厂期间，住不好，吃不好，工作环境不好，这些困难都是暂时的、局部的、可以克服的。只要我们有叫高山低头、河水让路的气概，是没有战胜不了的困难的。

1959 年 11 月 14 日

今天，我感到特别的高兴。一天紧张工作过后，一点儿也不觉得疲劳，我感到浑身是劲。夜晚，我还坐在车间调度室里，看一本学习毛泽东同志的思想方法和工作方法的书，真使我看得入了迷，越看越感到毛主席的英明和伟大。

……突然下起雨来了。陈调度员说："我们建筑焦炉工地上，还散放着 7200 袋水泥。"陈调度员急得一时手足无措。这时，我猛然想到了党的教导，要我们爱护国家的财产，又想到了我是一个共青团员。想到这些，一种无穷的力量鼓舞着我，跑到宿舍，发动了 20 多个小伙子，组织了一个抢救水泥的突击队，有的忙着找雨布，有的忙着找芦席，盖的盖，抬的抬，经过一场紧张的战斗，避免了国家的财产受到重大的损失。

这时，我才松了一口气，抹掉了头上的汗，带着乐观的心情，昂首阔步回到了宿舍，回忆自己为国家、为党做的一点点工作而高兴。

1959 年 11 月 20 日

我在鞍钢开推土机时，车间主任给了我一个任务，要我带 3 个学员。自己的技术不高，又怎能教好学员呢？可是，我想到这是党给我的任务，我一定要坚决完成。在驾驶和学习机器构造原理时，我和他们互相研究。我不懂就去请教其他师傅，而后再告诉他们。他们只用 4 个月就学会了驾驶和维修推土机。毕业后，工厂要给我 36 元带学员的师傅钱，我没要。我学的技术是党培养的，今天告诉别人是应该的。

1959 年 11 月 26 日

中年 12 点，我刚从车间开完会回到宿舍，一进门就被大家围住了。小王拿着一张报纸跑到我跟前说："雷锋同志，你看，你上次在雨夜抢救水泥，登上《共青团员报》了！"当时，我也和大家同样感到高兴。这对我和大家来说，都是很大的鼓舞……我这么一点点贡献，比起党对我的要求和希望还是做得很不够，但是我有决心忘我地劳动，赤胆忠心，不骄不躁地乘胜前进，多为党做一些工作，这就是我感到最光荣的。

1959 年 12 月 4 日

昨天，当听了车间总支李书记关于 1959 年征兵的报告后，我激动得一时一刻都没有平静。夜深了，我怎么也睡不着觉，便从床上爬起来，跑到了车间办公室，叫醒了已熟睡的李书记。我问他："我能不能入伍呀？"李书记笑着回答说："能呀！像你这样身强力壮的小伙子，参加人民解放军是顶呱呱的哩！"他从头到脚仔细地看了我一下说："哎呀，小雷怎么没穿棉衣呀！下这么大的雪，不冷吗？"这时我才觉得穿一件衬衣有点寒冷。李书记把棉衣披在我的身上。回到了宿舍，我还是不想睡觉，坐在条桌旁写我的入伍申请书和决心书。

今天一清早，我就到车间报了名。现在，我的愿望就要实现了，我怎么能够不高兴呢！只要组织上批准我入伍，我一定要把自己最可爱的青春献给我们的祖国，做一个真正的共产主义革命战士。

1959 年 12 月 7 日

早上六七点钟，我和朱主席以及其他几位代表们坐火车到了弓矿开先进生产者、红旗手以及工段以上的干部大会。

当我一走进会场，真把我吸引住了。会场布置得那么庄严、美丽。上午 9 点钟，会议正式开始。首先党委高书记宣布了大会主席团名单，其中有我一个。当我走上主席台时，我那颗火热的心是多么激动啊！像我这样一个放猪流浪出身的穷孩子，今天能参加这样的大会，同时还把我选为主席团的成员。我是党的人，光荣应该归功于党，归功于热情帮助我进步的同志们。

1959 年 12 月 20 日

一个人出生到世界上以后，除了早夭的以外，总要活上几十年。每个人从成年一直到停止呼吸的几十年的生活，就构成自己的历史。至于各人自己的历史画面上所涂的颜色是白的，灰的，粉红的，或者是鲜红的，虽然客观因素也起一定作用，但主观因素起决定性的作用。每个人每时每刻都在写自己的历史，每个共产党员和共青团员都应当好好地想一想，怎样来写自己的历史。每个共产党员和共青团员时时刻刻都要以马克思列宁主义、毛泽东思想来做你自己的思想行动的指导，真正做到言行一致。我要永远保持自己历史鲜红的颜色。

1960 年 1 月 8 日

这一天是我永远不能忘记的日子，这一天是我最大的荣幸和光荣的日子。我走上了新的战斗岗位，穿上了黄军服，光荣地参加了中国人民解放军。我好几年来的愿望在今天实现了，真感到万分的高兴和喜悦，这是我一生最大的幸福。

我在党的正确领导下，在革命的大家庭里，我一定要好好地锻炼自己，在入伍的这一天，我提出如下保证：

一、听党的话，服从命令听指挥，党指向哪里，我就冲向哪里。

二、加强政治学习，多看报纸和政治书籍，按时参加部队各种会议和学习，积极宣传党的政策，密切靠近组织，及时向组织反映各种情况，不断提高自己的政治思想觉悟。

三、尊敬领导，团结同志，互帮互爱互学习。

四、严格遵守部队一切纪律，做到虚心向老战士学习，刻苦钻研，加强军事学习，随时准备打击敌人。

五、克服一切困难，发扬先辈优良的革命传统。我要坚决做到头可断，血可流，在敌人面前决不屈服、投降，我一定要向董存瑞、黄继光、安业民等英雄学习。

六、我要努力学习政治、军事、文化，我要好好地锻炼身体，我一定要在部队争取立功当英雄，我一定要做一个毛泽东时代的好战士，我要把我可爱的青春献给祖国最壮丽的事业。

以上六条是我努力的方向和我的奋斗目标，今天我太高兴，我太激动，千言万语一下要写完是办不到的，因此写到这里告一段落。

我渴望已久的参加中国人民解放军的理想实现了，怎么叫我不高兴呢？我恨不得把我的心掏出来献给党才好。晚上我怎么也睡不着，我的心就像大海的浪涛一样，好久不能平静。

我，一个在旧社会受苦受罪的穷苦孤儿，居然成为一个国防军战士，得到党和首长的信任，受到战友们的热爱，我真不知说什么好……

这个革命的大家庭里，首长胜过父母，战友亲过兄弟，这一切，只有在党领导下的人民军队里才能得到。

我一定不辜负党对我的教育和期望，我决心保持和发扬×××矿全体职工的光荣传统，军政学习争优秀，全心全意保卫国防，成为一个优秀的国防军战士。

1960 年 1 月 12 日

今天，我看了一篇文章，那上面讲了许多与困难做斗争的道理。文章说：

"斗争最艰苦的时候，也就是胜利即将来到的时候，可也是最容易动摇的时候。因此，对每个人来说，这是个考验的关口。经得起考验，顺利地通过这一关，那就成了光荣的革命战士；经不起考验，通不过这一关，那就要成为可耻的逃兵。是光荣的战士，还是可耻的逃兵，那就要看你在困难面前有没有坚定不移的信念了。"

文章还说：

"困难里包含着胜利，失败里孕育着成功，革命战士之所以伟大，就是他们能透过困难看到胜利，透过失败看到成功。因此他们即使遇到天大的困难，也不会畏怯逃避；碰到严重的失败，也不至气馁灰心，而永远是干劲十足，勇往直前，终于成为时代的闯将。"

"虽然是细小的螺丝钉，是个微细的小齿轮，然而如果缺了它，那整个的机器就无法运转了，慢说是缺了它，即便是一枚小螺丝钉没拧紧，一个小齿轮略有破损，也要使机器的运转发生故障的。"

"尽管如此，但是再好的螺丝钉，再精密的齿轮，它若离开了机器这个整体，也不免要当做废料扔到废铁料仓库里去的。"

1960 年 1 月 18 日

雷锋同志：

愿你做暴风雨中的松柏，

不愿你做温室里的弱苗。

1960 年 2 月 8 日

我出生在一个很贫穷的农民家庭，在旧社会里受尽了折磨和痛苦。参军以后，我在党的培养教育下，深深懂得了社会主义的今天是由无数革命先烈和战友的艰苦奋斗、英勇牺牲得来的。从我参加革命那天起，就时刻准备着为了党和阶级的最高利益牺牲个人的一切，直至最宝贵的生命。

1960 年 2 月 15 日

敬爱的毛主席，我看到您写的《纪念白求恩》这篇文章，深受教育，被感动得流下了热泪。

过去有人讽刺我说："你积极有什么用，那么点的小个子，给你 150 斤重的担子，你都担不起来。"我听了这话，还埋怨自己为啥长这么点小个子呢！

可是，您老人家说："一个人能力有大小，但只要有这点精神，就是一个高尚的人，一个纯粹的人，一个有道德的人，一个脱离了低级趣味的人，一个有益于人民的人。"这话给我很大鼓舞。个子小，我也要尽我自己最大的力量，做到毫不利己，专门利人，向伟大的国际主义战士白求恩学习。

1960 年 3 月 9 日

我学习了毛主席著作以后，懂得了不少道理，脑子里一豁亮，越干越有劲，总觉得这股劲儿永远也使不败。

我为群众尽了一点自己应尽的义务，党却给了我极大的荣誉，去年被评为先进生产者，并出席了鞍山市青年建设积极分子大会。这完全是由于党的培养，是由于毛主席思想给了我无穷的力量，是由于广大群众支持的结果。我要永远地记住："一滴水只有放进大海里才能永远不干，一个人只有当他把自己和集体事业融合一起的时候才能有力量。"

"力量从团结来，智慧从劳动来。行动从思想来，荣誉从集体来。"

我要永远戒骄戒躁，不断前进。

1960 年 3 月 10 日

在今天的电影里，我看到英勇的革命战士黄继光。他为了党和人民的事业，为了人类的解放而献出了自己最宝贵的生命……他这种为了党和人民的事业而牺牲了自己的崇高精神是值得我永远学习的。

1960 年 6 月 × 日

单丝不成线，独木不成林。一个人是办不了大事的。群众的事一定要发动群众、依靠群众自己来办……我一定虚心向群众学习，永远做群众的小学生。只有这样，才能做好工作，才能不断进步。

我深切地感到：当你和群众交上了知心朋友，受到群众的拥护，这样会给你带来无穷的力量，再大的困难也能克服，无论在什么艰苦的环境中，都会使你感到温暖和幸福。

1960 年 6 月 5 日

要记住：

"在工作上，要向积极性最高的同志看齐；在生活上，要向水平最低的同志看齐。"

1960 年 6 月 × 日

因公外出，我在沈阳车站看见了一个老太太，在汽车旁焦急地徘徊着，像是有什么困难。我上前询问，原来这位老太太是从山东来部队找她儿子，路费用光了。我了解清楚后，立即请她老人家吃了饭，并给她买好到她儿子驻地的车票。本月 8 日，这位老太太的儿子给我们部队首长写来了一封感谢信。

1960 年 8 月 20 日

望花区成立了一个人民公社，我把平时节约下来的 100 元钱，支援给了他们；辽阳市遭受了洪水的灾害，我把省吃俭用积存的 100 元钱寄给了辽阳灾区人民。有些人说我是"傻子"，是不对的。我要做一个有利于人民、有利于国家的人。如果说这是"傻子"，那我是甘心愿意做这样的"傻子"的。革命需要这样的"傻子"，建设也需要这样的"傻子"。我就是长着一个心眼，我一心向着党，向着社会主义，向着共产主义。

1960 年 9 月 × 日

当我看到战斗英雄董存瑞英勇炸碉堡的时候，我感动得流出了热泪，决心向他学习。课后回来，找到一本《解放军画报》翻着看，看到了战斗英雄黄继光的遗像，我把他剪下来贴在自己的日记本上，每天写日记，我要先看看他，想想他。参军第一堂政治课给了我多么大的教育和鼓舞！

1960 年 10 月 21 日

今天吃过早饭，连首长给了我们一个任务：上山割草搭菜窖……劳动到了 12 点，大家拿着自己从连里带来的一盒饭，到达了集合地点，去吃中午饭。当时，我发现王延堂同志坐在一旁看着大家吃，我走到他面前一看，他没有带饭来，于是我拿了自己的饭给他吃，我虽饿点，让他吃饱，这是我最大的快乐。我要牢牢记住这段名言："对待同志要像春天般的温暖，对待工作要像夏天一样的火热，对待个人主义要像秋风扫落叶一样，对待敌人要像严冬一样残酷无情。"

必须提高纪律性，坚决执行命令，执行政策，执行三大纪律八项注意，军民一致，军政一致，官兵一致，全军一致，不允许任何破坏纪律的现象存在。

1960 年 11 月 6 日

昨天我向于助理员请好了假，去辽阳化工厂看我原来的厂领导和工人。今天早上从沈阳乘火车到了辽阳市。因没赶上火车，我到了辽阳市武装部，见到了政委。他像自己的父亲一样，左手握着我的手，右手抚摸着我的头，微笑地说："小雷锋，我昨天在日记本子里还看到了你以前给我的那张相片，我还想起了你，真想不到你今天来这里。"他带我到办公室，亲切地问我在部队的情况，我激动地向首长汇报了自己的工作和学习情况。政委听了说："好，应当好好干，把自己的力量献给党的事业。"8 点钟了，他送我到车站。下午 7 点钟，我乘火车到了安平，7 点半到了我原来的工厂——焦化厂。我走进党总支办公室，熊书记、李书记、吴厂长看见是我回来了，都很高兴。我也非常兴奋，好像见到了自己的亲人一样。他们真是热情地招待，给我倒茶，还给我做了饺子和鱼吃，把我安置在一间很温暖的房子里睡觉；还带我到厂内参观了现代化的机器生产。我见到了许多以前和我在一起工作的同志，感到万分高兴。他们有的还介绍了生产情况。我看到新建的焦炉都出焦了，想起自己为这焦炉的建筑贡献过一滴汗水，从心眼里感到十分骄傲和自豪。

1960 年 11 月 8 日

1960 年 11 月 8 日，是我永远不能忘记的日子。今天，我光荣地加入了伟大的中国共产党，实现了自己最崇高的理想。

我激动的心啊！一时一刻都没有平静。伟大的党啊！英明的毛主席！有了您，才有了我的新生命。我在九死一生的火坑中挣扎和盼望光明的时刻，您把我拯救出来，给我吃的、穿的，还送我上学念书。我念完了高小，戴上了红领巾，加入了光荣的共青团，参加了祖国的工业建设，又走上了保卫祖国的战斗岗位。在您的不断培养和教育下，我从一个孤苦伶仃的穷孩子，成长为一个有一定知识和觉悟的共产党员。

伟大的党啊，您是我慈祥的母亲！我所有的一切都是属于您的，我要永远听您的话……永做您忠实的儿子。

今天我入了党，使我变得更加坚强，思想和眼界变得更加开阔和远大。我是一个共产党员，人民的勤务员。为了全人类的自由、解放、幸福，哪怕高山、大海、巨川；为了党和人民的事业，就是入火海，进刀山，我心甘情愿，头断骨粉，身红心赤，永远不变。

1960 年 11 月 14 日

今天早上，我和于助理员到达了安东 × × 部队，首长们对我十分关怀和照顾，我真感到革命大家庭的温暖和幸福。

上午 9 点 40 分，首长要我给干部训练队作一次汇报。当我讲到旧社会的苦，痛苦得眼泪直掉。在座的首长和到会的同志们都十分同情我，有半数以上的人掉下了眼泪。会后，他们进行了讨论，人人表示决心，一定要紧握手中武器，将革命进行到底……

晚上 7 点钟，看了一场电影。影片的主角聂耳给我的印象最深，他是一个坚强的无产阶级的革命战士，是党的好儿子。他那种勇敢、坚强、机智、虚心、敢于斗争的精神，是值得我永远学习的。

1960 年 11 月 27 日

在今天的授奖大会上，工程兵党委授予我"模范共青团员"的光荣称号……我真感到十分惭愧。我为党做的工作太少了，仅仅尽了一点点本身应尽的义务，党和人民却给了我这么大的荣誉。我是被慈祥的母亲——中国共产党哺育大的，要是没有党和毛主席，就没有我的一切。今天我所取得的这一点点成绩，应归功于不断培养教育我成长的党和毛主席，应归功于热情帮助我进步的同志们。

我决心继续努力，保持荣誉，发扬光大……

1960 年 12 月 8 日

一个革命者，当他一进入革命的行列的时候，首先要确定坚定不移的革命人生观。树立这样的人生观，就必须注意培养自己的思想道德品质，处处为党的利益、为人民的利益着想，具有大公无私、舍己为人的风格，能够为党的利益、为集体的利益不惜牺牲自己的利益，否则就是个人主义者……

1960 年 12 月 27 日

为着阶级和民族的解放，为着党的事业的成功，我……不怕饥饿，不怕寒冷，不怕危险，不怕困难。屈辱，痛苦，一切难以忍受的生活，我都能忍受下去！这些都丝毫不能动摇我的决心，相反的，是更加磨炼我的意志！我能舍弃一切，但是不能舍弃党，舍弃阶级，舍弃革命事业。

永垂不朽的革命烈士——方志敏同志是我永远学习的榜样。我出生在一个很贫穷的农民家庭，在旧社会受尽了折磨和痛苦，在慈祥的母亲——中国共产党的不断哺育和教导下，居然成为一个国防军战士、光荣的共产党员，我要时刻准备着为党和阶级的最高利益，牺牲个人的一切，直至生命。

1960 年 12 月 × 日

今年 1 月，我响应了祖国的征召，走进了中国人民解放军这个革命的大家庭里。这使我受到了从来没有享受过的温暖。首长一天到晚问寒问暖，在业余时间给我们讲战斗故事，鼓励我们好好学习，提高保卫祖国的本领。党和首长对我无微不至的关怀和教导，我真万分地感激，恨不得立刻把我的心掏出来献给伟大的党。我的心像大海里的浪涛一样，好久不能平静。

我，一个旧社会受尽阶级压迫和民族奴役之苦的孤儿，解放后，在党和毛主席的哺育和教导下，居然成长为一个解放军战士，光荣的共产党员，得到党和首长的信任，受到战友们的热爱，我真不知说什么好。

在这一年来的时间里，我无论在政治、军事、文化、技术上都有很大提高，例如：学到了很多军事知识。我才入伍时，不会投手榴弹，拿着假手榴弹还心惊肉跳，每次只能投10来米远。首长和战友们给我讲要领，排长还把着我的手教，使我投弹取得了优秀的成绩。

又如，我过去是一个穷孩子，根本不懂得什么叫政治，可是，一年来，由于指导员和其他首长经常找我谈话，鼓励我加强政治学习，由于对问题的分析和认识都有了很大提高，学习和工作做出了一点点成绩，立了功，受了奖，并在今年11月光荣地加入了伟大的中国共产党。这是党和首长培养教育的结果，也是同志们帮助的结果，可以说，在我周身的每一个细胞里，都渗透了党的关怀。

……我要永远记住毛主席的教导，把已取得的一些成绩，当做万里长征的第一步，当做下一个革命的起点。我决心在新的1961年中，更深入、更持久地学下去。……我要牢牢记毛主席"虚心使人进步，骄傲使人落后"的教导。

1960 年 12 月 28 日

永远做群众的小学生

马克思主义者认为，只有先做好群众的"学生"，才能做好群众的"先生"。"先生"是"学生"的发展，却不是"学生"的终结。如果不愿再以"学生"的姿态出现，便不能继续再当"先生"。毛主席说："没有满腔的热忱，没有眼睛向下的决心，没有求知的渴望，没有放下臭架子，甘当小学生的精神，是一定不能做，也一定做不好的。"

毛主席说："我们必须学会自己不懂的东西。"他又说："无产阶级的最尖锐最有效的武器只有一个，那就是严肃的战斗的科学态度。共产党不靠吓人吃饭，而是靠马克思列宁主义的真理吃饭，靠实事求是吃饭，靠科学吃饭。"

我在党和毛主席的不断哺育和教导下，健康地成长起来。由于政治觉悟的不断提高，树立了为共产主义而奋斗的大志，在工作和学习中取得了一点点成绩，这应该归功于党，归功于帮助我的同志们。我一定永远牢记毛主席的教导，永远做群众的小学生。

1961 年 1 月 1 日

1960 年已过去了。新的 1961 年在今天已开始，今天我感到特别高兴。入伍一年来，我在党和首长的培养教导下，由于同志们的帮助，使我学会了很多军事技术知识。刚入伍时什么也不懂，手拿着枪还心惊肉跳只怕走火。由于连、排首长把着我手教，因此我才学会了射击，投弹也是同样取得了优秀的成绩。汽车理论和实际驾驶学习，每次测验也都是 5 分。在政治上也有很大的提高，特别是学习毛主席著作后，心里变得明亮了，思想和眼界变得更加开朗和远大了，干劲越来越足。由于政治觉悟的不断提高，因此才能在工作和学习中做出一点点成绩。并于 1960 年 11 月 8 日加入了伟大的中国共产党。我从一个流浪孤儿，成长为一个共产党员，这完全是党的培养教育、同志们帮助的结果。

……我要永远忠于党，保卫党的利益，为党的事业奋斗终身。

1961 年 1 月 18 日

在我们前进的道路上，不可能不遇到一些暂时的困难，这些困难的实质，"纸老虎"而已。

问题是我们见虎而逃呢，还是"遇虎而打"？

"哪儿有困难就到哪儿去"，——不但"遇虎而打"，而且进一步"找虎而打"。这是崇高的共产主义风格。

1961 年 1 月 24 日

看问题不仅要看现象，还要从现象中抓住本质。有人说南方的地主剥削农民轻些，农民受的苦浅些，北方的地主狠些，剥削农民重些，农民受的苦深一些，这都是不正确的。张三地主是活阎王，李四地主是笑面虎，这绝不能说张三地主不好，李四地主好些。天下的乌鸦一般黑。

1961 年 1 月 30 日

昨天我在军人大会上忆了苦，到会的一千多名战友以及家属都很同情我过去受的阶级苦和民族苦……有许多的同志都掉下了辛酸的眼泪，有许多同志自动站起来带领大家喊口号。

今天我找一个战友谈心。我问他在旧社会受过苦没有？他低下头回答说："我爸被日本鬼子抓去当劳工，冬天冻死了，三岁的小弟弟饿死了，妈带着我要饭，受尽了折磨和痛苦。"我又问他："在旧社会为什么穷人受苦、富人享福呢？"他说："穷人在旧社会命不好，富人的八字好，运气好。"我说："过去所谓的富人——地主、资产阶级，现在都垮了台，穷人都当了国家的主人。这难道说富人的八字就不好了么？穷人的命就好了么？"

他两眼看着我，答不上来。他为什么回答不上来呢？主要是他还有迷信思想，没有掌握阶级分析的武器。……必须从阶级根源上来找原因，来认识它。一件事物为什么这样，怎么会这样，它符合哪个阶级的利益，不符合哪个阶级的利益，这样一分析它的性质就清楚了，是非就明显了，就能正确对待它了……

1961 年 2 月 2 日

今天我从营口乘火车到兄弟部队作报告。下车时，大北风刺骨地刮，地上盖着一层雪，显得很冷。我见到一位老太太没戴手套，两手捂着嘴，口里吹一点热气温手。我立即取下了自己的手套，送给了那位老太太。她老人家望着我，满眼含着热泪，半天说不出话来。……一路上，我的手虽冻得像针扎一样，心中却有一种说不出的愉快。

1961 年 2 月 3 日

今天我到达海城后，上午作了一场报告，下午我和郅顺义老英雄见了面。……老英雄抚摸着我的头，紧紧地握着我的手，亲切地问我多大年纪，什么时候入伍的？同时还倒给我一杯茶。当时，我的心像抱着一只小兔子一样嘣嘣直跳，有一肚子话可不知咋样说好。我听说老英雄是董存瑞的亲密战友，我的心像压不住似的要往外蹦，万分敬佩和羡慕地叫他给我讲董存瑞的英雄事迹。我听他说："董存瑞是六班的班长，我是七班的班长。在一九四八年五月二十五日打隆化县的时候，董存瑞在爆破组，我在突击组，我们的任务是要去炸掉敌人的四个碉堡和五个地堡。我们两个组牺牲了六个人，每组只剩下两个人了，董存瑞对我说：'就是剩一个人也要坚持战斗，不完成任务不回队！'在炸最后一个碉堡的时候，董存瑞用手举着炸药包，炸掉了敌人的碉堡，完成了战斗任务，我敬爱的革命战友董存瑞就这样英勇地为党的事业而光荣地牺牲了。"我听到老英雄讲完董存瑞的英雄事迹后，我的心像大海的浪涛一样，久久不能平静，我感动得满眼热泪直掉。

董存瑞英雄对敌人万分的愤恨，对党和人民无限的忠诚。在战争当中，英勇顽强，丝毫不畏缩，为人民的解放牺牲自己。董存瑞英雄是我永远学习的好榜样，我一定要为党和阶级的崇高事业，随时准备牺牲自己的一切，直至生命。

郅顺义老英雄是我永远学习的榜样，他在战斗当中，勇敢坚定，机动灵活。他俘虏敌人一百四十多人，缴获机枪四十多挺。他勇敢地消灭了敌人，保存了自己。

董存瑞和郅顺义两英雄的事迹，深深地教育了我，给了我莫大的鼓舞和无穷的力量，我一定要时刻用这些英雄事迹来鞭策自己，永远忠于党，忠于人民。

1961 年 2 月 16 日

今天我没去看剧，在家学习毛主席著作。毛主席教导我们说："关心党和群众比关心个人为重，关心他人比关心自己为重。"毛主席的这些话，深深地教育了我，使我的心豁然明亮了。我领到连部发给我的一斤苹果，怎么也舍不得吃，用自己心爱的手绢包了起来，放进了挎包里，心想来了客人给他们吃。今天，学习了毛主席著作后，思想变得开朗了，想起了在医院里的伤病员同志，他们在新年佳节的时候，是多么需要人去安慰啊！我是人民的子弟兵，应该去好好慰问那些伤病员同志。把自己领到的一点点吃的东西送给伤病员吃，不是更有意义吗？下午 3 点钟，我拿着一斤苹果，连同自己写好的一封慰问信送给了抚顺市望花区职工西部医院。

1961 年 2 月 20 日

……廖初江战友也来了，我见到他，真感到格外的高兴。我紧紧地握住他的手不放，一同走出车站，乘小吉普车来到他们师部招待所。首长对我无微不至的关怀和爱护，我真不知说什么好，被感动得满眼含着热泪。

我和廖初江战友挨着坐在一条凳子上，他的手很自然地搭在了我的肩上。他和我亲切地谈起了家常话，他给我签了字，同时，张助理员还给我们拍了一张照片。

1961 年 3 月 × 日

凡是脑子里只有人民、没有自己的人，就一定能得到崇高的荣誉和威信；反之，如果脑子里只有个人、没有人民的人，他们迟早会被人民唾弃。

1961 年 3 月 3 日

今天我学习了毛主席著作，有一段话，对我的教育最深刻，启发最大。

毛主席说："紧紧地和中国人民站在一起，全心全意地为人民服务，这就是这个军队的唯一宗旨。"我是人民的子弟兵，一定要永远牢记党和毛主席的教导，无论什么时候，都要关怀爱护人民群众的利益，为人民群众的利益而战斗不息。

我们的党、政府和全国人民对革命军人的关怀和照顾，是无微不至的。作为一个革命战士的我，是多么的自豪啊！但是我不能骄傲。一定牢牢记住党和人民对我的嘱托，努力学习，积极工作，勇敢战斗，保持和发扬人民军队的优良传统。

1961 年 3 月 4 日

今天，连长发给我一支新枪，我真像得到了宝贝一样，乐得连话都说不出来。看看那锋利而发亮的刺刀，摸摸那光滑的枪柄，数着崭新的子弹，简直高兴得不知如何是好，生怕把枪弄脏了。看到枪机上落了一点点灰尘，我立即从衣兜里掏出自己心爱的手绢，把灰尘擦得一干二净。

人民给我这支枪，我一定要好好保管和爱护，向党和人民保证，决心勤学苦练，一定要练出真正的硬本领，坚决保卫我们的社会主义建设，保卫我们伟大的祖国，随时准备给侵略者以致命的打击。

这支枪是我的，是革命给我的！

要想从我这里夺去，我宁愿战斗而死！

对党和人民要万分忠诚，对敌人越诡诈越好。

1961 年 3 月 × 日

什么是时代的美？战士那褪了色的、补了补丁的黄军装是最美的；工人那一身油渍斑斑的蓝工装是最美的；农民那一双粗壮的、满是厚茧的手是最美的；劳动人民那被烈日晒得黝黑的脸是最美的；粗犷雄壮的劳动号子是最美的；为社会主义建设孜孜不倦地工作的人的灵魂是最美的。这一切构成了我们时代的美。如果谁认为这并不美，那他就不懂得我们的时代。

1961 年 3 月 × 日

汽车驾驶经验：会车时，因为灰尘大，让发动机熄火，利用惯性冲力滑行，等飞扬的尘土消失后再开电门；每当汽车开到灰尘较大的路线上，停下车子，用涂有黄油的大布给滤清器戴上"口罩"。

不要抢道，遇有会车、险道、便道、过桥过河、上下坡、拐弯，要"慢、让、站、看"。正常行驶中，保持 40 公里左右的速度。保证车况良好，安全生产，持续运行。从实际效果上看，这种慢就是快，否则快就是害。

只要人听党的话，车子就会听人的话。

我们光感到新社会好，还是很不够的，还要用自己的劳动使它变得更好。

汽车是党和人民给我们建设社会主义的武器，每个驾驶员爱不爱这个武器，爱到什么程度，这决定于每个驾驶员的阶级觉悟。

事实证明：只要付出了艰苦的劳动，车子就会听使唤。平时不愿下苦功，不肯做艰苦细致的工作，要想车况好，那就像坐着不动，想让苹果掉到嘴里来一样，是根本不可能的事。

1961 年 3 月 16 日

世界上最光荣的事——劳动。

世界上最体面的人——劳动者。

1961 年 4 月 × 日

当你在最困难、最危险，甚至威胁自己生命时，也能严格地遵守纪律，那就是好党员。我要做一个名副其实的好党员。

1961 年 4 月 15 日

毛主席教导我们说："任何新生事物的成长都是要经过艰难曲折的。在社会主义事业中，要想不经过艰难曲折，不付出极大努力，总是一帆风顺，容易得到成功，这种想法，只是幻想。"

共产党所以能够领导人民群众，正因为，而且仅仅因为，它是人民群众的全心全意的服务者，它反映人民群众的利益和意志，并努力帮助人民群众组织起来，为自己的利益和意志而斗争。

1961 年 4 月 16 日

今天是星期日。有的同志叫我上街看电影，我想起了一件事：党号召要大办农业，以粮为纲。在这风和日丽的春天里，正是农忙的季节，公社的社员们都在紧张而又忙碌地耕地、播种。我是一个农家的孩子，现在虽然成了一名祖国的保卫者，可是我有责任支援农业，改变农村的面貌，为农业早日机械化、电气化贡献一点力量。

想到这些，我哪里有心情看电影呢！拿着铁锹跑到了抚顺李石寨人民公社万众生产大队，和社员们一起翻地。他们的革命干劲深深地教育和鼓舞了我，他们建设新农村的革命热情是万分高涨的。我真正懂得了群众的力量能移山填海，只有群众的力量是无穷无尽的，一个人的力量总是沧海一粟。我决心永远和群众牢牢地站在一起，为人类最美好幸福的生活而斗争。

1961 年 4 月 × 日

挤时间读书：早起点，晚睡点，饭前饭后挤一点，行军走路想着点，外出开会抓紧点，星期假日多学点。如果不积累许多个半步，就不能走完千里。

1961 年 4 月 22 日

学问它是包括两个方画：一个是学；一个是问。学很重要，不学无术，就没有本领为社会主义建设服务，只有踏踏实实地学，认真地学，才能使自己变得聪明，才能为祖国贡献出更多的力量。世界上可学的东西很多，学的道路也很广，可以从书本上学，从工作中学，从实践中学。活到老，学到老。我们知道人的生命是有限的，知识是无穷无尽的，我们要把有限的生命投入到无穷的知识学习中去。

但是要学好，离不开问。在学习过程中，会遇到许多疑难问题不能解决，这就要"问"。自己不懂应该大胆发问，请教别人，以求甚解。问人，首先需要问己，在自己一再思考难以解决的情况下，再问别人，这样，才懂得透彻。在学问的过程中，应防止骄傲自满。毛主席教导我们说："学习的敌人是自己的满足，要认真学习一点东西，必须从不自满开始。"我们要牢牢记住毛主席的教导，踏踏实实地求得真正的学问。

1961 年 4 月 23 日

今天早上接到上级首长的指示，要我到旅顺海军部队汇报。上午 10 点 15 分，我乘火车离沈（阳）去旅（顺）。列车上的旅客很多，我看服务员忙不过来，心想，自己是一个共产党员，共产党员的全部任务就是全心全意为人民服务。在这种情况下，我应当做一名义务服务员，为旅客们服务。我把自己的座位让给了一个老大娘，自己在车上找到了一把扫帚，挨个扫完了整个车厢，接着又擦玻璃和车厢，而后给旅客们倒开水。有个老太太很亲切地对我说："孩子，看你累得满头大汗，该休息啦。"我回答说："没什么！"一个大尉首长站起来握着我的手说："大家应该向你学习。"我对首长说："为人民服务，这是我应尽的义务。"

列车在飞奔，旅客们个个心情舒畅，有的打扑克，有的唱歌，有的唠家常，还有的妇女逗小孩，广播员播送各种新闻和好听的歌曲，整个车厢充满了愉快和欢乐。

"旅客们注意啦！现在我们车厢要选一位旅客安全代表。"乘务员说。一位旅客站起来说："选这位解放军同志，大家同不同意啊？"旅客们都异口同声地说："好。"我真感到这是同志们对我高度的信任，那么，应该更好地关心大家。和旅客打交道，真是好极了，原先不认识的，也认识了，亲热得像一家人一样，真是有啥说啥。旅客们有事都找我，但我并不感到麻烦，反而觉得荣幸……

1961 年 4 月 24 日

我到了 ×× 部队，好几个战友的眼睛出神地看着我，其中一个同志说:"是雷锋!"另一个同志说:"不是,雷锋一定是下士了,哪能还是一个上等兵呢?他可能是雷锋班里的战士吧。"他们都不敢肯定我是不是。和我一同去的同志对他们说:"你们不认识他吗?他就是雷锋。"我笑着和他们握了手,并问好。其中有个战友可有意思了,他伸出大拇指对我说:"你是这个,呱呱叫的,起先我们都不敢认你,想必你一定是个下士了。"我笑着回答说:"当兵很好嘛,都是为着一个目标——实现共产主义。"

我仔细分析了一下,他们想我一定是下士了,也许是有点"根据"。因报纸上都宣传过,同时党和首长都很信任,一定要提升得快一些。可是,他们没考虑到工作需不需要的问题。为了党和人民的事业,我总想多贡献一点力量,那些个人的军衔级别,我真没时间考虑。

1961 年 4 月 27 日

今天上午,我在旅顺海军××舰上,向海军首长和战友汇报了自己的一切工作、学习和生活在两个不同的社会里的两种不同的命运的情况,当我讲到在旧社会那种悲惨遭遇时,舰长和海军战友都掉下了眼泪,我更是悲痛万分!我是无产阶级革命战士,只有化悲痛为一切前进的力量,将革命进行到底,为人类的解放而斗争。

下午 1 点钟,我乘火车离旅顺回沈阳。在列车上看到一位有病的老大爷,我把座位让给了他老人家,并问他是什么病,他半天才说了一句:"痨病十多年啦!"我问他在旅行当中有什么困难,他说："我到丹东还差一元钱买车票，我还没吃午饭呢！"毛主席教导我们说："我们的同志不论到什么地方，都要和群众把关系搞好，要关心群众，帮助他们解决困难。"于是，我帮助他解决了旅途中的困难。

1961 年 4 月 30 日

毛主席指示我们："要提倡勤俭建国。要使全体青年们懂得，我们的国家现在还是一个很穷的国家，并且不可能在短时间内根本改变这种状态，全靠青年和全体人民在几十年时间内，团结奋斗，用自己的双手创造出一个富强的国家。社会主义制度的建立给我们开辟了一条到达理想境界的道路，而理想境界的实现还要靠我们的辛勤劳动。有些青年人以为到了社会主义社会就应当什么都好了，就可以不费气力享受现成的幸福生活了，这是一种不实际的想法。"

毛主席的话给了我深刻的教育和启发。根据我国目前的情况来看，还存在着许多困难……为了克服这些困难，都要十分地听党和毛主席的话，一切作长期打算……注意节约。

今天，司务长发给我两套单军衣和两套衬衣，我只各领了一套，剩下那两套衣服交给了国家，以减少国家的开支，支援祖国的建设。

1961 年 5 月 1 日

今天是伟大的"五一"国际劳动节，我感到特别的高兴。为了纪念这个伟大的节日，我没有上街看热闹，把房前房后、室内室外干干净净地打扫了一遍，帮助炊事班洗菜、切菜、做饭，用了三个小时。其他大部分时间用于学习《王若飞在狱中》这篇文章。我读了一遍又一遍，越看越爱看，越读越感动。读完之后深深感到，我们不应该忘记过去！

在旧社会里，广大劳动人民受着国民党反动派的剥削压迫，过着牛马不如的生活。在惨无人道的旧社会里，有多少人像刘宝全这样白白地死去啊！

和千千万万受剥削、受压迫的劳动人民一样，在旧社会里，我家也受尽了旧制度的折磨和凌辱……解放了，我才脱出苦海见青天！革命前辈用生命和鲜血拯救了我，伟大的共产党和毛主席拯救了我！我要永远听党的话，永不忘记过去，为了共产主义事业，要像王若飞同志那样，永生战斗！

1961 年 5 月 2 日

我在《前进报》上看到了共产党员郑春满同志舍己救人的英雄事迹后，感动得流出了眼泪。他在为抢救两个孩子的生命与怒涛旋涡搏斗中，光荣地献出了自己的宝贵生命。我为失去一个这样好的阶级兄弟而感到十分沉痛。同时，也为有这样一个在党和毛主席教导下，在革命军队熔炉里熔炼成长起来的真正优秀的阶级兄弟而感到光荣和骄傲。

邓春满同志的这种见义勇为、舍己救人的英雄行为，表现了无产阶级的最高尚的品德，充分地反映了人民军队的本质。毛主席教导我们："紧紧地和中国人民站在一起，全心全意地为中国人民服务，就是这个军队的唯一的宗旨。"他忠诚地按照毛主席的教导，把自己锻炼成为一个真正的革命战士。我要学习他那舍己为人的精神，为共产主义奋斗终生。

1961 年 5 月 × 日

我看到一位同志做了一件损公利己的事，心里过不去，立即批评和制止了他。爱护国家和人民的财产是我的责任，不能不管，今后还应该大胆地管……牢牢记住，并且要贯穿在自己的生活和实际行动中去——革命的利益高于一切，处处为集体利益而不惜牺牲个人的一切。

毛主席说过："无数革命先烈为了人民的利益牺牲他们的生命，使我们每个活着的人想起他们就心里难过，难道我们还有什么个人利益不能牺牲。还有什么错误不能抛弃吗？"我想，那位同志太自私自利了，没有集体主义思想。对于这种人脑子中落后的东西，我们要去扫除，就像用扫帚扫房子一样，从来没有不经过打扫而自动去掉的灰尘。坚决按照毛主席的指示办事。

1961 年 5 月 3 日

今天早上，下着大雨，我因公从抚顺到沈阳。早五点钟从家出发，在到车站的路上，看到一位妇女背着小孩，手还拉着一个六七岁的女孩去赶车。他们母子三人都没有穿雨衣，那个小女孩因掉进泥坑里，弄了一身泥，一边走还一边哭。看到这种情况，我立刻想起了毛主席教导我们无论到什么地方都要关心群众，帮助他们解决困难……我急忙跑上前去，脱下自己的雨衣披在那位背小孩妇女的身上，马上又背起那小女孩一同到了车站。上车后，我见那小女孩冻得直打颤，全身没有一点干处，头发还在掉水。咋办呢？我摸着自己一身衣服也湿了，急忙解开外衣，发现贴身的那件绒衣是干的，立即脱下来穿在了那小女孩的身上。听他们说没吃早饭就来赶车了，我把早上没吃的三个馒头送给了他们。上午九点钟，列车到了沈阳站，我没顾肚子饿，又背着那小女孩跟随她母亲，把她们送到家里。我要离开她家的时候，那位妇女紧紧地握着我的手不放，激动地说："同志！我怎么感谢你呢？"说着热泪滚滚直掉，把我也感动得不知说啥好。"你不要感谢我，应该感谢党和毛主席！"这是我从内心深处说出来的一句话。通过学习毛主席著作和自己的实践，我深刻地认识到毛泽东思想是做好一切工作的根本保证。今后，我要更好地学习毛主席著作，用毛主席的思想武装自己的头脑，指导自己的一切行动，永远做一个有益于人民的人。

1961 年 5 月 20 日

目前我们的军事训练很紧张，干部战士的工作、学习简直忙得不可开交，晚饭后的一个小时休息时间，大家都主动地到地里搞生产，有些战友连上街理个发的时间也抽不出来。根据这种情况，首长给我们买了三套理发的工具，要我们自己互相理发，可是又没有人懂得理发的技术，都是外行。咋办呢？学习了毛主席的著作后，心里开了窍，毛主席说："你要有知识，你就得参加变革现实的实践。"还说："要使不懂得变成懂得，就要去做去看，这就是学习。"毛主席的话，给了我很大的启发。我利用业余时间，跑到附近的理发店，请教理发师，在理发师的耐心指导和帮助下，学会了基本的操作方法。

我第一次给战友刘正武理发时，总是感到手不顺心，推剪夹头发，一个头还没有理到一半，他说剪刀夹得头发痛，不剪了。第一次学理发失败了。

但我并没有灰心，又拿起毛主席的书来看，毛主席说："任何新生事物的成长都是要经过艰难曲折的。在社会主义事业中，要想不经过艰难曲折，不付出极大努力，总是一帆风顺，容易得到成功，这种想法，只是幻想。"这就告诉了我，无论做什么，都不是轻而易举，要想把事情办好，一定要经过艰苦的努力，不怕失败，从失败中吸取教训，取得成功。在毛主席的思想指导下，我鼓足了勇气，午休不睡觉，跑到理发店继续学习，在理发师的热情帮助下，一次、两次、三次，终于学会了理发。现在战友们都愿意要我理发了，到了星期六或星期日，我就忙不开。以前不要我理发的刘正武战友，也主动地要我给他理发了。

1961 年 6 月 4 日

冯健姐姐，我永远向你学习，为共产主义奋斗终生。

1961 年 6 月 15 日

目前我发现有少数战友不遵守纪律，生活稀拉；有的同志不请假外出；吹了起床哨，有的还睡着不动。我看这种现象很不好，应该及时扭转。

军队，它是战斗的集体，要有严格的组织纪律，一切要适应战斗的需要。很难设想一支锣鼓不齐、行动不一的军队，在战场上能打败敌人，取得胜利。我今天在报纸上看了一篇文章，对我的启发教育很大。文章是这样的：

请葛亮用兵如神，但在他的一生中也曾有过失利的战斗，比如"街亭失守"。这次战斗失利，使诸葛亮由主动变被动，最后不得不进行战略退却。街亭失守，原因固然很多，但和守将马谡没能严格执行命令大有关系。马谡领受任务时，诸葛亮再三叮咛："街亭虽小，干系甚重，倘街亭有失，吾大军皆休矣！"并说："此地奈无城廓，又无险阻……下寨必当要道之处。"但马谡引兵到达街亭后，却完全不以诸葛亮的话为意，认为"当道岂是下寨之地"，于是自作聪明地屯兵在山上。因而，被司马懿乘机切断水源，使山上无水，军不得食，引起军营大乱。马谡不得不放弃街亭，败军折将，失地弃城，落荒而逃。为了严明军纪，诸葛亮流着眼泪将马谡斩首。

马谡违反命令，是忽视了军令之严，因而遭受惨败；诸葛亮挥泪斩马谡，又是在维护军纪之严。可见，"严"字是从多次流血的经验中总结而来的。

然而我们革命军队的严又和历史上的一切旧军队不同，单纯依靠军令、军法压服，是旧军队取得"严"字的手段。我们革命部队，不仅有严格管理的一面，而且有耐心说服的一面，不仅存在着自上而下严格要求的一面，而且也存在着自下而上自觉遵守纪律、坚决服从管理的一面。伟大的战士邱少云，就是自觉遵守纪律的典范，我们应该学习。一个革命者，一个共产党员，应该是大公无私，为革命，为集体，不为个人。革命处境越是困难，越是需要每个成员更加英勇地坚持斗争。

1961 年 6 月 29 日

"你们有许多的长处，有很大的功劳，但是你们切记不可以骄傲。你们被大家尊敬，是应当的，但是也容易因此引起骄傲。如果你们骄傲起来，不虚心，不再努力，不尊重人家，不尊重干部，不尊重群众，你们就会当不成英雄和模范了。过去已有一些这样的人，希望你们不要学他们。"

毛主席的这一段话，对我有很大的启发和教育。10 多年来，我在党的不断培养和教育下，提高了政治思想觉悟，树立了为共产主义事业奋斗到底的雄心大志，因此在各项工作和学习中取得了一点点成绩，党和人民给予了我很大的荣誉。自从去年各报刊和广播电台介绍了我的情况以后，收到了全国各地许多青年的来信。今天党对我这样信任，同志们对我这样尊重，我一定要更加虚心，尊重大家，努力学习，忘我工作，时刻牢记毛主席的教导，永远做一个人民的小学生。

1961 年 8 月 6 日

我看见有六位六七十岁的老太太来参加抚顺市第四届人民代表大会，内心十分羡慕和尊敬。我看到她们就好像看到了自己的祖母一样。拉着她们的手，微笑着向她们问好，并把她们一个个送到宿舍，给她们倒茶、打水……并和她们有趣地拉家常……从阶级友爱出发，我不但爱这些老太太，而且爱全国人民，爱全世界的劳苦大众。他们都是我的亲人，我要为他们的自由、解放、幸福而贡献自己毕生的全部精力，直至最宝贵的生命。

1961 年 8 月 7 日

抚顺市人民代表大会已经开了四天，今天是最后一天了。市委负责同志代表全市人民的心意，送给了我们一份礼物（一斤苹果）。当我拿着这斤用红纸包着的苹果时，内心特别激动。回想起自己过去那种无依无靠，到处流浪的苦日子，总觉得现在的党和人民胜过自己的亲生父母，对我太关心了。我想：自己好了，不能忘记为人民而负了伤的阶级兄弟。于是，我把这份苹果又转送给了住在卫生连的伤病员同志。自己虽然没吃着，但是心里比吃了这斤苹果还要甜十分。

1961 年 9 月 10 日

工作和学习的关系就像点灯加油一样：点灯如果不加油，就会变得暗淡无光，只有不断地加油，灯才会明亮。人只有不断地努力学习，才不会迷失方向，做好工作，否则就会落后，甚至犯错误。我懂得了这个道理后，越学越想学，哪怕有一点空余时间，我也要看看书报，增长自己的知识。现在我学习得很不够，决心继续努力，勤学、苦学、发奋学。我要学习一生，战斗一生。

今天陈排长找我谈了一番话，对我的启发和教育很大。从多次的谈话中，我深知，陈排长是一个直爽、诚实、对同志关心、对革命负责的好干部，这种精神和优良作风，我要永远学习。

排长谈到，据同志们反映说，我工作主观，其事实是：到浑河农场拉菜，我看农场里的同志都已吃晚饭了，心想战友艾起福、何国良出了一天车，比较累，再说午饭吃得早，也可能饿了。我和农场的管理员联系了一下，准备好了饭，叫他们两位司机吃。可是他们硬不吃，说天快黑了，车没有灯，要赶紧回队。我想回去也要吃饭，现在这里饭已准备好了，在这吃还不一样吗？再三劝他俩吃，最后他俩还是没有吃，我也就和他俩一块拉菜归队了。事后他俩说我办事主观。

今天排长给我指出，要我今后办事多和群众商量，注意工作方法。我觉得很好，一定改进。至于其他方面的小缺点，我也要特别注意，加以纠正。有些反映虽然有出入，但我也很欢迎，今后提高警惕，随时注意。我深记了斯大林的教导："我们不能要求批评百分之百的正确。如果批评是来自下面的，那么即使这种批评只有百分之五到百分之十是正确的，我们也不应当忽视。"今天我是一个班长，对于战士的反映和意见，丝毫不能轻视，一定要坚决克服缺点，做好工作。

排长要我抓紧时间努力学习，提高政治觉悟和技术水平。这些好话，牢记心间，照着去做，定能进步。

多做日常细小平凡的工作，少说漂亮话。因此，我经常打扫卫生，掏厕所、捡大粪，在日常生活中养成热爱劳动的习惯，总想多做事，少说话。我乘火车时，给旅客倒水，扫车厢，擦玻璃，让别人多得些方便，自己辛苦一点，这是我感到最愉快的。

1961 年 9 月 11 日

人民的困难，就是我的困难。帮助人民克服困难，贡献自己的一点力量，是我应尽的责任。我是主人，是广大劳苦大众当中的一员，我能帮助人民克服一点困难，是最幸福的。

1961 年 9 月 20 日

我在哨所周围来回走动，脑子里一个转又一个转地想着，汽车、油库、国家的许多财产、全连的安全，都掌握在卫兵的手里，如果麻痹大意，不提高警惕，万一敌人破坏，那将给国家和人民造成多大的损失。我感到自己责任的重大。比起红军长征的时候，天天打仗，经常几天几夜得不到休息，还是那样坚强勇敢、英勇奋战，我呢？又感到惭愧。人民的子弟兵，祖国的保卫者，这个光荣的称号又使我感到高兴，我宁愿站到天亮也乐意。

1961 年 9 月 22 日

毛主席写的《纪念白求恩》这篇文章，我早已读过，并为白求恩的国际主义精神和共产主义精神感动得流出了热泪，对我的教育和启发特别之大。他那种毫不利己、专门利人的精神，鼓舞和鞭策了我的进步，使我所取得的收获不小。

今天副指导员又给我们上了这一课，我又反复地看了数遍，所受教育更为深刻。白求恩同志对待自己本行业务是那样刻苦地钻研，精益求精，为人类的解放事业献出了毕生精力和整个生命。可是我呢？为党、为人民又做了一些什么呢？对照起来，我感到万分惭愧和渺小。拿自己的技术学习来说，还不是那么刻苦钻研的，学得也不够深透。但是我相信，只要再加一把油，勤学苦练，虚心学习，是一定能把汽车开好的……一旦帝国主义发动侵略战争，我们就彻底、干净、全部地把它们歼灭。

通过这篇文章的学习，使我更深刻地认识到，一个人活着，就应该像白求恩同志那样，把自己的毕生精力和整个生命为人类的解放事业——共产主义全部献出。我要永远站在无产阶级的立场上，永远忠于党、忠于人民、忠于保卫祖国和世界和平的伟大事业，做一个真正的共产主义革命战士。

1961 年 10 月 2 日

我做事，老好一个人去干，不爱叫别人，生怕人家不高兴。就拿扫地来说，我每天早上忙得不可开交，有的同志却闲着没事，自己累得够呛，可是扫的地段不大。有时室外卫生没有及时打扫，首长看了不满意，我为这个问题真有点着急。

今天连长找我谈话，句句打动了我的心。他说："火车头的力量很大，如果脱离了车厢，就起不到什么作用。一个人做工作，如果脱离了群众，就会一事无成……"连长的话给了我很大的教育和启发，使我懂得了一个人只有和集体结合在一起才能最有力量。今天我发动了全班的同志打扫卫生，由于大家一齐动手，很快就把室内室外打扫得干干净净。事实证明连长的话是正确的。今后我无论做什么，一定要走群众路线，依靠群众，发动群众，团结群众，一道为社会主义建设和实现共产主义而贡献力量。

1961 年 10 月 3 日

人生总有一死，有的轻如鸿毛，有的却重如泰山。我觉得一个革命者活着就应该把毕生精力和整个生命为人类解放事业——共产主义全部献出。我活着，只有一个目的，就是做一个对人民有用的人。

当祖国和人民处在最危急的关头，我就挺身而出，不怕牺牲。生为人民生，死为人民死。

1961 年 10 月 8 日

今天我在报纸上看了一篇文章，其中鲁迅的两句诗对我教育很深。我坚决要按照鲁迅的那两句诗去做：

"横眉冷对千夫指，俯首甘为孺子牛。"

对敌人要狠，要像严冬一样残酷无情；对党、对人民要忠诚老实，永远忠于党，忠于人民……

1961 年 10 月 10 日

我觉得一个真正的革命者，他是大公无私的，所作所为，都是对人民有益的……

1961 年 10 月 12 日

我要牢记这样的话：永远愉快地多给别人，少从别人那里拿取。这种共产主义精神，我要在一切实际行动中贯彻。

今天，我听战友佟占佩说没有日记本了，手中无钱买。我立即把自己一本最新的日记本送给了他。这仅仅是一点小意思。我愿意把自己所有的东西，包括生命献给党和人民……

1961 年 10 月 13 日

今天可有意思，×××同志出车回来，惊奇地问这个，问那个，不知是谁给他洗了一条衬裤和一双穿得发了臭的袜子。可是没有一个人说话，究竟是谁给他洗的呢？只有我知道，但是我没有说，我觉得这是自己应尽的义务。

1961 年 10 月 14 日

高××同志是新调来我班的一个好同志。他出身好，家庭贫农，过去受过苦，现在革命热情高，工作能吃苦。他来自农村，学习少，政治觉悟比较低，对各种问题的看法有时片面……和同志们比较起来是落后了。我觉得这个同志有一个最大的特点，就是敢于改正缺点和错误。从这点来看，还是有办法的。我们班有的同志对他的看法不好，说他是个落后分子，就因他调到我们班，有的同志不大满意……针对这个矛盾，我组织大家学习了毛主席的有关著作。

毛主席说："共产党员对于落后的人们的态度，不是轻视他们，看不起他们，而是亲近他们，团结他们，说服他们，鼓励他们前进。"通过学习和讨论，大家统一了认识，改变了态度。

高××同志调到我班的第三天就病了。我想起了毛主席的教导："我们都是来自五湖四海，为了一个共同的革命目标，走到一起来了。……我们的干部要关心每一个战士，一切革命队伍的人都要互相关心，互相爱护，互相帮助。"我觉得自己有责任去关心他，体贴他，给予他温暖。一清早，我请卫生员给他看了病，并给他打开水吃药，打洗脸水，给他洗脸，做病号饭送给他吃，把自己的棉大衣给他盖在身上，安慰他好好休息。到澡堂洗澡的时候，我给他擦澡……在生活方面我给予他适当的照顾。他激动地对我说："班长，你对我太关心了，人心都是肉长的，我再不好好干，也说不过去了。"第四天一早，他就主动地打豆子去了。我们吃早饭的时候，他打了一麻袋豆子背了回来。

1961 年 10 月 15 日

今天是星期日，我没有外出，给班里的同志洗了 5 床褥单，帮高××战友补了一床被子，协助炊事班洗了 600 多斤白菜，打扫了室内外卫生，还做了一些零碎事……总的来说，今天我尽到了一个勤务员应尽的义务，虽然累了一点儿，也感到很快活。

班里的同志感到很奇怪，不知道谁把褥单都洗得干干净净的。高×× 同志惊奇地说："谁把我的破被子换走了？"其实他不知道是我给他补好的呢！

我觉得当一名无名英雄是最光荣的。今后还应该多做一些日常的、细小的、平凡的工作，少说漂亮话。

1961 年 10 月 16 日

高楼大厦都是一砖一石砌起来的，我们何不做这一砖一石呢？我之所以天天都要做这些零碎事，就是为此。

1961 年 10 月 18 日

有的同志晚上不愿意站岗。白天工作学习忙，比较疲劳，晚上睡得甜蜜蜜的，叫起来站岗，是有一点不是滋味。可是，他们没有想到，站岗是党和人民交给我们的一项光荣而艰巨的任务。每次轮到我站岗的时候，不管是白天或黑夜，烈日或严寒，我总是很愉快地去执行了。这是因为我时刻想到：我们是伟大的中国人民解放军战士，是祖国的保卫者，是人民最可爱的人。

1961 年 10 月 19 日

有些人说工作忙，没有时间学习。我认为问题不在工作忙，而在于你愿不愿意学习，会不会挤时间。要学习的时间是有的，问题是我们善不善于挤，愿不愿意钻。

一块好好的木板，上面一个眼也没有，但钉子为什么能钉进去呢？这就是靠压力硬挤进去的，硬钻进去的。

由此看来，钉子有两个长处：一个挤劲，一个钻劲。我们在学习上，也要提倡这种"钉子"精神，善于挤和善于钻。

1961 年 10 月 20 日

人的生命是有限的，可是，为人民服务是无限的，我要把有限的生命，投入到无限的为人民服务之中去。

1961 年 10 月 22 日

有些人讲话爱啰嗦，有时一句话或一件事反复地说，东扯葫芦西扯瓢，说来说去还是一个意思，时间用了不少，事情说得不多。俗话说：剩饭炒三次，狗都不爱吃。一句话老那么说，人家就不爱听。本来意思不多，却讲了不少，结果那一点精华被淹没在空话的海洋中了。这好像人们喝糖水，同样多的糖，如果掺水适当，则味道甘美，如果掺水过多，必然淡而无味。可见讲话的时间长，不一定效果就好，相反有时还会更坏。

1961 年 11 月 26 日

我学习了《毛泽东选集》一、二、三、四卷以后，感受最深的是，懂得了怎样做人，为谁活着……

我觉得要使自己活着，就是为了使别人过得更美好。

我要以黄继光、董存瑞、方志敏等同志为榜样，做一个热爱祖国、热爱人民，永远忠于党、忠于人民革命事业的人。

1961 年 11 月 27 日

今天下大雨，我看到咱们车场放了两堆苞米，虽然用雨布盖上了，但是我还不放心，跑去一看，发现苞米被雨淋湿了不少。我真心痛极了……立刻组织了全班的同志冒雨收苞米。有的拿大筐，有的拿麻袋，装的装，抬的抬，很快就把 2000 多斤苞米搬到了屋里，免遭损失。虽然衣服湿了，但是粮食收回来了，自己放心，心里快活了。

1961 年 12 月 20 日

昨晚我连车辆紧急集合，×××同志搬电瓶发动车时，洒了一些电瓶水，衣服上沾了不少。因电瓶水是硫酸和蒸馏水混合而成的，腐蚀性大，结果他那条新棉裤烧了几个大口子。今天我看他很不高兴，着急找不到黄布补裤子。我立即拆掉自己的棉帽衬洗干净（棉帽衬是黄布做的），在夜里，当他睡着了，我用棉帽衬那块黄布偷偷地给他把新棉裤补好了。×××知道这件事后，便激动地对我说："班长，你对我太关心了……"

1961 年 12 月 30 日

我班乔××同志的母亲病了，今天来信叫他请假回家看望。首长批准了他 3 天假。可是他着急回家缺钱，想买点东西给母亲吃，钱又不够。正当他为难的时候，我一考虑心里过不去，我想：他的母亲就像我的母亲一样，他有困难，也等于是我的困难。我和他是阶级兄弟，应当互相帮助。想到这里，我立刻拿出了自己的十元津贴费，还买了一斤饼干，一起交给他，叫他带回家给母亲。乔××同志接到我的钱和饼干后，激动地说："班长，我太感谢你了……"

我班 ×××同志，叫他出车就高兴，不叫出车或做点其他工作就不大满意。还有的同志拈轻怕重，害怕累了自己。

比如：有一次掏厕所，有的同志说："这活不是咱们干的，我们是开车的，应该叫其他连队来掏。"在干的过程中，我发现有个别同志怕脏怕累，站在一旁瞅着。

我一边干活，一边想：如果我们革命队伍中存在着这种怕苦怕累的思想，对工作会有影响，对革命不利，如不及时纠正，会造成什么后果呢？我想来想去，又想起了毛主席的教导，毛主席说："什么叫工作，工作就是斗争。那些地方有困难、有问题，需要我们去解决。我们是为着解决困难去工作、去斗争的。越是困难的地方越是要去，这才是好同志。"当天吃过晚饭，我组织全班同志学习了这篇文章。通过学习，大家提高了认识，统一了思想。第二天本来是星期日，大家向我提出要求，礼拜不休息，积肥支援农业。睡觉之前，×××和×××等同志把粪桶及工具都准备好了。第二天天刚亮，我发现铺上的人都不在了。还没吹起床号，他们到哪里去了呢？我披着大衣出去找，真出乎我的意料之外，大家积了好大一堆肥料。我看到同志们那股热火朝天的干劲，既高兴又激动，便立刻拿起工具和大家一起干了起来。吃早饭的时候，大家都对我说："班长，今后我们要多做工作，别人不爱干的活咱们干。"

打这以后，扫厕所、掏大粪，成了大家的自觉行动。在冬训中，我们班利用课余和假日休息时间积肥三千五百多斤。

1961 年 × 月 × 日

整个革命历史证明，没有工人阶级的领导，革命就要失败；有了工人阶级的领导，革命就胜利了。在帝国主义时代，任何国家的任何别的阶级，都不能领导任何真正的革命达到胜利。

工人阶级是最先进、最觉悟、最有组织纪律、最有前途的阶级。工人阶级在旧社会受剥削受压迫最深，生活不如牛马，要求革命最坚决，革命最彻底。我国人民在工人阶级先锋队——伟大的中国共产党的正确领导下，取得了革命的伟大胜利，取得了社会主义建设巨大成就，将来会取得一个更美好的共产主义社会。

1962 年 1 月 11 日

今天教员给我们连上了防原子武器一课……下课后，我便立刻组织大家学习毛主席《和美国记者安娜·路易斯·斯特朗的谈话》等文章。毛主席说："原子弹是美国反动派用来吓人的一只纸老虎，看样子可怕，实际上并不可怕。当然，原子弹是一种大规模屠杀的武器，但是决定战争胜败的是人民，而不是一两件新式武器。"

通过学习，大家提高了认识，端正了态度……因此在防原子操练中，大家干劲十足，信心百倍，操作认真。虽然在零下二十多度的野外练习防原子弹，但没有一个人叫苦的。我看到同志们那种苦练硬功夫的劲头，真高兴极了。

1962 年 1 月 13 日

今晚，我看了《洪湖赤卫队》电影，感到浑身是力量，我激动的心情像大海的浪涛一样，总也不能平静。共产党员——韩英同志那种坚强勇敢、不怕牺牲的精神给了我莫大的鼓舞和无穷的力量……她在敌人监狱里宁死不屈，并歌唱："为革命，砍头只当风吹帽；为了党，洒尽鲜血心欢畅。"她这崇高的豪言壮语，深深地刻在我的脑海里。我决心永远向韩英学习，为了党，我不怕进刀山入火海，为了党，哪怕粉身碎骨，我永不变心。

1962 年 1 月 14 日

在最困难、最艰苦的工作中，我就想起了黄继光，浑身就有了力量，信心百倍，意志更坚强……我每次外出执行任务或在最复杂的环境中，就想起了邱少云，就能严格地要求自己，很好地遵守纪律。

每当我得到福利和享受的时候，就想起了白求恩，就先人后己，把享受让给别人。

当个人利益与国家、党和人民的利益发生矛盾的时候，我就想起了过去家破人亡、受苦受难的苦日子，就感到党的恩情永远报答不完。

1962 年 1 月 16 日

今天下了大雪，刮着刺骨的北风。为了使车辆经常保持良好的状态，随时开得动，我和韩玉臣同志主动到车场保养车辆。双手拿着冰冷的工具，调整和修理铁的机器，的确冷得很，有时手拿着铁的机件，就把手和机件粘在一起了。特别是双手伸到汽油里去清洗机件，更把手指冰得好像针扎一样，我真想去烤烤火。可是，一想起连长在军人大会上的报告："在三九天里保养车是一个艰巨的战斗任务，过硬的功夫是在冰天雪地里锻炼出来的。"我就感到有一股暖流立刻传遍了全身，觉得有了无穷的力量，打消了烤火的念头，继续清洗机件。经过 8 个多小时野外苦战，终于把汽车保养好了。虽然手冻裂了口子，但是锻炼了自己的意志，提高了技术。

1962 年 2 月 3 日

今天我一口气看完了《中国青年》杂志上徐老（徐特立）写给晚辈的几封家信。越看越感到浑身是劲，越看越觉得亲切，越看越想看。特别是徐老说的："一个共产党员应当什么都知，什么都能，什么都学，什么都干，什么人都交，什么生活都过得下去。"这些话对我来说，是有很大启发和教育的，也是我应当知道的，必须要做的。我要永远牢记徐老这些有益的话，并且要贯穿于一切言论和行动之中，决心把自己锻炼成为一个名副其实的共产党员，为人类作出贡献。

1962 年 2 月 5 日

今天是大年初一，大家都愉快地欢度新春佳节，有的打球，有的下棋，有的同志上街看电影，玩得够痛快……

我和同志们打了两盘乒乓球，心里觉得有件什么事没做似的。我想了想，每逢过年过节是人们探家和走亲戚的好日子，这个时候也正是各种服务部门和运输部门最忙的时期，这些地方是多么需要人帮忙啊！

我向副连长请了假，直奔抚顺车站。我刚到，正好一列火车进站。我看到一位老太太很吃力地背着一个大包袱上火车，我急忙跑上前，接过那老太太的包袱，扶着那老太太安全地上了车，给她老人家找了个座位，我才放了心。我要下车的时候，那老太太紧紧地握着我的手说："你真是毛主席和共产党教育出来的好兵……"

我拿着扫帚扫候车室的时候，车站的主任对我说："你辛苦啦，休息休息吧。"我没有休息。我觉得这是自己应尽的义务。我给旅客们倒开水的时候，他们说："解放军真好，处处关心人。"我这样做，能使人民群众更加热爱党，热爱毛主席，热爱解放军，这就是我感到最幸福的。

1962 年 2 月 8 日

今天文书同志从团里拿回来几本新书，其中《向秀丽》这本书把我吸引住了。我拿了这本书，一口气读完了十多页，越读越使我感到浑身是劲，越读越使我敬佩，越读越想读……我用了 4

个多小时，一字字、一句句读完了这本书。读过之后，使我提高了阶级觉悟，加深了对剥削阶级的仇恨，对劳动人民的热爱；使我懂得了热爱同志和集体，懂得了爱护国家的财产和人民的生命安全，要比爱护自己的生命还重。

我决心永远学习向秀丽同志坚定的阶级立场，敢于斗争的精神；学习她耐心帮助同志、处处为集体谋利益的精神；学习她对工作极端负责任；学习她对党、对人民无限忠诚；学习她爱护国家财产胜过爱护自己生命的精神；学习她在紧急关头，挺身而出、英勇牺牲的精神……我时时刻刻都要以她为榜样，经常对照自己和鞭策自己，把自己锻炼成为一个坚强的无产阶级革命战士。

1962 年 2 月 10 日

我觉得一个革命者就应该把革命利益放在第一位，为党的事业贡献出自己的一切，这才是最幸福的。

1962 年 2 月 12 日

一个共产党员是人民的勤务员，应该把别人的困难当成自己的困难，把同志的愉快看成自己的幸福。

1962 年 2 月 24 日

我觉得，一个革命者活着就应该把自己的毕生精力和整个生命为人类的解放事业——共产主义全部献出。

——给任宝林的赠言

1962 年 2 月 24 日

让我们携起手来，做一颗永不生锈的螺丝钉。

——给刘思乐的赠言

1962 年 2 月 26 日

您是党的优秀女儿，是毛泽东时代的英雄，是我永远学习的好榜样。让我们更高地举起毛泽东思想红旗，为人类的解放事业——共产主义而共同奋斗吧。

——给文淑珍的赠言

1962 年 2 月 27 日

雷锋呀，雷锋！我警告你牢记：千万不可以骄傲。你永远不能忘记，是党把你从虎口中拯救出来，是党给了你一切……至于你能做一点事情了，那是自己应尽的义务。你每一点微小的成绩和进步都应该归功于党，要记在党的账上。我一定听党和毛主席的话，把我的青春献给世界上最壮丽的事业——为人类解放而斗争。

1962 年 3 月 2 日

骄傲的人，其实是无知的人。他不知道自己能吃几碗干饭，他不懂得自己只是沧海之一粟……

这些人好比是一个瓶子装的水，一瓶子不满，半瓶子晃荡，可是还晃荡不出来。这有什么值得骄傲的呢？

1962 年 3 月 × 日

不经风雨，长不成大树；

不受百炼，难以成钢。

迎着困难前进，这也是我们革命青年成长的必经之路。有理想、有出息的青年人必定是乐于吃苦的人。

1962 年 3 月 × 日

生活中一切大的和好的东西全是由小的、不显眼的东西累积起来的。人若没干劲，好像没有蒸汽的火车头，不能动；像没长翅膀的鸟，不能飞。

1962 年 3 月 4 日

我愿做高山岩石之松，不做湖岸河旁之柳。我愿在暴风雨中——艰苦的斗争中锻炼自己，不愿在平平静静的日子里度过自己的一生。

1962 年 3 月 7 日

我要永远愉快地多给别人，毫不计较个人得失……

1962 年 3 月 16 日

我是党的儿子，人民的勤务员。我走到哪里，哪里就是我的家，我就在哪里工作。

1962 年 3 月 24 日

今天吃早饭，我看到炊事班的饭盆里有很多锅巴，便随手拿了一块吃。炊事员 ××× 同志说："自觉点啊！"我听了这句话，心里很难受，觉得吃一块锅巴有什么？赌气把那块锅巴放到饭盆里，走了出来。这时，通信员送来了一张报纸。我接过来就看，首先看了报纸上毛主席的语录。毛主席说："因为我们是为人民服务的，所以，我们如果有缺点，就不怕别人批评指出。不管是什么人，谁向我们指出都行。只要你说得对，我们就改正。"我一口气把这段话念了十多遍，越念越感到自己不对，越念越感到毛主席的这些话好像是专门对我说的，越念越后悔不该和炊事员赌气。我自己问自己："你多不虚心呀！人家批评重一点，你就受不了啦！"想来想去，我还是硬着头皮跑到炊事班，承认了自己拿锅巴吃不对并检查了自己的缺点。炊事员感动地说："你对自己要求这么严，真是好同志……"

1962 年 3 月 28 日

我们要真正学到一点东西，就要虚心。譬如一个碗，如果已经装得满满的，哪怕再有好吃的东西，像海参、鱼翅之类，也装不进去；如果碗是空的，就能装很多东西。装知识的碗，就要像神话中的"宝碗"一样，永远也装不满。

1962 年 4 月 3 日

昨天下了一场大雪，今天显得格外的寒冷。吃过早饭，我到团里开会，在路上遇到一个 10 来岁的小孩，他穿的衣服很单薄，冻得打哆嗦。我看了心里过意不去，立即脱下自己的棉裤，送给了他，这时我心里真感到有说不出的高兴。

1962 年 4 月 4 日

有人说：人生在世，吃好、穿好、玩好是最幸福的。

我觉得人生在世，只有勤劳，发愤图强，用自己的双手创造财富，为人类的解放事业——共产主义贡献自己的一切，这才是最幸福的。

1962 年 4 月 16 日

我今天一口气读完了《党的好儿子龙均爵》这本书。这本书太好了，对我的教育极深，对我的启发和帮助很大。我处处要以龙均爵为榜样，永远学习他不畏艰难困苦、敢于斗争的精神；学习他关心爱护同志的高贵品质；学习他大公无私、舍己为人的精神；学习他刻苦学习、钻研技术的毅力；学习他爱护国家财产如爱护自己生命的精神；学习他处处把国家的利益和人民的利益放在个人利益之上的思想。认真学习他，并贯彻于实际行动中。一定要在保卫祖国和建设祖国的事业中，贡献自己的力量。

1962 年 4 月 17 日

一个人的作用，对于革命事业来说，就如一架机器上的一颗螺丝钉。机器由于有许许多多的螺丝钉的连接和固定，才成了一个坚实的整体，才能够运转自如，发挥它巨大的工作能力。螺丝钉虽小，其作用是不可估量的。我愿永远做一个螺丝钉。螺丝钉要经常保养和清洗，才不会生锈。人的思想也是这样，要经常检查，才不会出毛病。

我要不断地加强学习，提高自己的思想觉悟，坚决听党和毛主席的话，经常开展批评与自我批评，随时清除思想上的毛病，在伟大的革命事业中做一个永不生锈的螺丝钉。

1962 年 4 月 19 日

我今天看了《在前进的道路上》的电影后，受到了很大的教育。影片中的何局长因居功自傲，组织观念不强，脱离了党的领导，脱离了群众，光凭自己的主观愿望办事，结果犯了严重的错误。他犯错误的根源是什么呢？主要是违背了毛主席所谆谆教导我们的"虚心使人进步，骄傲使人落后"这一名言，因为他骄傲自大，不尊重别人，不深入下层，凭主观办事，因此脱离群众；因为他不虚心学习，政治水平就跟不上形势的发展，对问题的看法和认识就有偏差，其结果必然犯错误。事实教育了我，骄傲是犯错误的根源，是落后的开始。我永远要保持谦虚谨慎的态度，老老实实为党工作。

影片中罗副局长这个人物很好，表现在他政治立场坚定，原则性强，敢于批评斗争，虚心好学，能密切联系群众，对革命事业高度负责。我要永远向他学习，多为党做些工作，为祖国作贡献。

1962 年 4 月 27 日

今天，刘兴学同志上街看电影，没有请假。首长批评了他，可是他很不高兴，背后说："当兵真不自由，处处受纪律的束缚。今天人民自己当家做主，谁也用不着管谁。"我听到这些话，立即向他作了解释：我们青年人要把自己培养成为一个具有共产主义道德的人。我们不能忘记了培养共产主义道德品质的一个重要方面，就是以自觉遵守纪律的精神来锻炼自己。你不管去战斗，去劳动和工作、学习等，都必须遵守纪律。就是我们的日常生活，也得有纪律。如果我们没有纪律的话，我们可以想象到，我们的社会将会成为什么样子呢？人人自由行动，社会必然会混乱起来，就像音乐队队员们在演奏时不听指挥一样，你唱你的，我唱我的，一定会弄得杂乱无章，不成音乐了。我还举例对他说，比如上课吧，有一个不遵守纪律的学生故意在课堂上闹，故意出洋相，逗人家笑，这就会妨碍别人专心听讲，使课堂教学无法顺利进行，影响大家学习的自由。我们需要哪种自由，难道还不明显吗？同时，也正因为今天我们人民自己当家做了主，就更应该表现出有纪律有教养，而不应该扰乱我们自己的秩序。

经过摆事实、讲道理，刘兴学同志想通了，提高了认识，承认了自己违反纪律不对……表示今后要很好地守纪律。

1962 年 5 月 2 日

今天下午我在保养汽车，突然下起大雨。我正在盖车的时候，见到路上有一位妇女，抱着一个小孩，右手拉着一个五六岁的孩子，左肩上还背着两个行李包，走起路来真是很吃力。我急忙跑上前，问她从哪来？到哪去？她说："从哈尔滨来，到樟子沟去。"她还告诉我说："兄弟呀！我今天遭老罪了，带两个孩子，还背一些东西，天又下雨，现在天快黑了，还要走十多里路才能到家。现在我都累迷糊了，我哭也哭不到家呀……"我听她这么说，心里很过意不去。我想，毛主席说过："我们的同志不论到什么地方，都要和群众的关系搞好，要关心群众，帮助他们解决困难。"想起毛主席的教导，浑身有了力量，我跑回部队驻地，拿着自己的雨衣给那位妇女，我又抱着她的孩子，冒着风雨送她们回家。在路上，我看那小孩冷得发抖，我立即脱下自己的衣裳给他穿上。走了 1 小时 40 分钟，终于把他们送到了家。那妇女激动地对我说："兄弟呀，你帮了我，我一辈子也忘不了啊……"

我对她说："军民一家嘛，何必说这个呢……"我离开她家的时候，风雨仍然没停，他们都留我住下。我想，刮风、下雨、天黑，算得了什么！一定要赶回部队，明天照常出车。我一边走一边想着：我是人民的勤务员，自己辛苦点，多帮人民做点好事，这就是我最大的快乐和幸福……

1962 年 5 月 6 日

今天是星期日，过得很有意义。上午修路 200 米，把几个坑洼的地都填好了。开车的人对我说："你做了好事呀！把路修好了以后，行车就要少遭点罪了。"我想，是呀！为了使行车方便，减少车辆震动，以防机件受损失，自己少休息点，多劳动点，是完全值得的。

下午，我保养了一个小时车，其余时间帮老百姓种地。我看到老乡们犁地，心想：借此机会学习犁地也不错呀！我提出要求，就得到了老乡的支持，尤其是王老大爷真好，把着手教我犁地。开始，牲口不听我使唤，地也犁得弯弯曲曲的。学习了一会儿，找到了点儿门路，慢慢就顺手了。两个小时过去了，老乡说："休息一会儿吧，让牲口吃点饲料。"说实在的，这时我真不想休息，总想多学一会儿，虽然累了一身汗，我觉得学点犁地技术是完全划得来的。从内心往外说，我时刻都想多学点儿本领，更好地为人民服务。我时刻牢记着马克思的教导：不学无术在任何时候，对任何人都无所帮助，也不会带来利益。今天，我为了人民的利益、阶级的利益、革命的利益，多学点儿本领就更有必要了。我之所以要虚心学习，刻苦钻研，学到真本领，就是为此目的。

1962 年 5 月 8 日

今天部队发放了夏天的服装，本来每人发两套军服、两双胶鞋……我想，当前国家正处在困难时期，再说，我们的国家还很穷。可是党和人民对我们却还这样无微不至的关怀，使我从内心感激党和人民的关怀。党和人民对我们这样好，可是也不能烧火棍一头热呀！我们也得为党和人民着想，应当积极响应党的号召，发愤图强，自力更生，处处做到增产节约，发扬我军艰苦朴素、勤俭节约的优良传统。

为了和人民群众同甘共苦，减轻人民的负担，共同克服目前的困难，我只领了一套单军服、一双新胶鞋，其他用品也少领了。以前用过的东西，我都修补好了，继续使用。穿破了的衣服补好了再穿。我觉得就是现在穿一套打了补丁的旧衣服，也比我过去披的破烂衣服要好千万倍啊……

1962 年 6 月 22 日

从 3 月 16 日到今天，我开的汽车已安全行驶了 4000 多公里，没有发生事故，圆满地完成了上级首长交给的各项任务。

为了使车辆经常处于良好的状况，准备迎接新的任务，首长给了我一天时间保养车。从今早 6 点钟开始工作，清洗了燃油系统，检查调正了电路，底盘各部机件打了黄油。当我把全车螺丝检查紧定完的时候，接到首长的指示，叫我马上出车，护送一个重病号到卫生连。我急忙收拾工具，出车护送。临走前，我看了下手表，已是下午一点了。这时我的肚子也感到有些空了。凑巧，我连炊事员给我送来了一盒午饭，大家叫我吃了饭再走。但是我想，阶级兄弟病重，处在紧要关头，抢救同志要紧，不能耽误时间，于是起车出发。

经过两个多小时急行车，终于把病号按时送到了卫生连，顺利地完成了任务。这时，我才松了一口气，感到格外的痛快。

1962 年 6 月 25 日

我听有些人说：当兵不合算，挣不到钱，不如在家种二亩自留地，既有花的，又有吃的……

我认为这种人对个人利益和集体利益认识不足。俗话说："大河涨水，小河满；大河无水，小河干。"同样的，只有集体富裕了，个人利益才能得到满足，如果没有集体的利益，那还有什么个人的利益呢？

1962 年 6 月 28 日

有些人对个人和集体的关系认识不清，因此做工作、办事情、处理问题等，只顾个人，不顾整体。这样，就会给革命造成损失，给集体造成不利。我觉得正确认识个人和集体的关系是很重要的。

我认为个人和集体的关系，正像细胞和人的整个身体的关系一样。当人的身体受到损害的时候，身上的细胞就不可避免也要受到损害。同样的，我们每个人的幸福也依赖于祖国的繁荣，如果损害了祖国的利益，我们每个人就得不到幸福！

1962 年 6 月 × 日

我是在 1958 年夏开始学习毛主席著作的。经过学习，提高了阶级觉悟，武装了头脑，增强了本领。我在学习过程中，始终坚持用学习到的理论、观点对照联系自己的思想、劳动和周围的一切实际事情。这么一联系，不仅加深了对理论的理解，而且更有助于政治理论的提高。如通过学习毛主席所写的《中国社会各阶级的分析》和《关于正确处理人民内部矛盾的问题》这两篇文章，我清楚地明白了，不同的阶级有不同的立场，对同样一件事情，不同的阶级就有不同的看法和说法……今后，我还要更好地学习，更好地为党的事业而奋斗。

1962 年 6 月 29 日

今天下午，从我们部队驻地的一座大山上，下来一个磨剪刀的人。他在我们部队驻地的屋前屋后转来转去，鬼鬼祟祟地像要找什么东西似的，不一会儿又拿出本子记下什么。

我发现他在一家门前磨剪刀，还一边问老乡：

"此地驻多少军队？他们干什么？"另外还说："现在的世道要变了，蒋介石要反攻大陆了……"我想，他问这个、说这些干什么呢？

我是人民的保卫者，决不能放走一个可疑的人。这种责任感促使我上前盘问那个磨剪刀的人。

"你从哪来？"

"河北。"

"干什么的？"

"磨剪刀的。"

"有什么证明？"

"没有。"

"你身上带了些什么东西？"

"五六十元钱，一个记账本。"

"你把记账本拿出来看看！"

"记了几笔账，没什么看头。"

"怎么？不让看吗？"

"好吧！你要看就看吧！"

我翻开记账本，发现他把我们正在进行国防施工的地名和部队驻地地址及部队番号等都记了下来。

"你写这干啥？"

"这地方我刚来，记下地址以后再来就好找了。"

"你写部队的番号干什么？"

"想找一个熟人。"

"找谁？叫什么名字？"

"姓张的，叫什么名字我记不起来了。"

"你不是说熟人吗？为什么不知道叫什么名字呢？"

他慌慌张张地答不上来了。看这人的言行可疑，我把这件事立即报告了首长。首长找他问话的时候，他装着一副可怜的样子，神情很不正常，说话牛头不对马嘴。为了把这件事弄清楚，首长派人把他送到当地公安局。后来，公安局的同志打电话告诉我们说："那个磨剪刀的人是个反革命分子……"

同志们知道这消息后，都纷纷议论说："反革命不消灭，人民就不能安宁，我们要想永远过好日子，就要时刻提高警惕，握紧枪杆，擦亮眼睛，坚决、彻底、全部消灭敢于侵犯和破坏我们社会主义建设的敌人。"

1962 年 7 月 1 日

今天是党的生日。在这个伟大的节日里，我激动的心啊！像大海里的浪涛一样，不能平静。

在十多年前，我还是个孤苦伶仃的穷孩子……党像慈母一样，哺育着我长大成人。是党给了我生命，是党给了我幸福，是党给了我无产阶级的思想，是党给我指出了前进的方向，是党给我开辟了前进的道路，是党给了我前进的力量，是党给了我的一切。

今天，我当了家，做了国家的主人，得到了自由和幸福，内心是何等的感激党和毛主席啊！我时刻都想掏出自己的心，献给伟大的党。

忆过去，我刻骨地痛恨三大敌人。

想今天，我万分地感谢党和毛主席的恩情。

望将来，我信心百倍，浑身是劲，坚决要为共产主义事业奋斗到底。

为了党，我愿洒尽鲜血，永不变心。

为了革命，为了阶级的最高利益，我时刻准备着挺身而出，牺牲自己的一切。

为了人类的解放事业——共产主义，我要献出自己的毕生精力和整个生命。

1962 年 7 月 30 日

今天起床后，我们参加了后勤处的生产劳动。到地里后，有的同志没按计划带工具，本来叫带 10 把镐头、6 把锄头，结果只带了 2 把镐头、5 把锄头，影响了生产。

这件事，对我的启发教育很大。我认为不按计划办事，害处很大。今天所见仅仅是生产当中的一件小事，大事何不如此呢？我感到无论做什么，一定要事先有计划，不能盲目乱干。只有按计划办事，才能圆满完成任务。

1962 年 8 月 5 日

今天是星期日，本来应该休息。可是因为任务重、工作忙，再加上汽车行驶里程到了二级技术保养期间，我想：完成任务要紧，保养好车辆重要，牺牲个人休息嘛，没有什么。因此，我还是照常工作。上午调整了汽车各部位间隙，换了手制动片。下午送工作组首长到我团工作，一路很平安……

1962 年 8 月 6 日

我今天听一位同志对另一位同志说："人活着就是为了吃饭……"我觉得这种说法不对，我们吃饭是为了活着，可活着不是为了吃饭。我活着是为了全心全意为人民服务，是为人类的解放事业——共产主义而斗争。

1962 年 8 月 8 日

今天给一营二连拉粮食。上午 8 时从 × × 山出车，9 时半左右就到达了抚顺粮站。这趟车是副司机开的。他因缺乏驾驶经验，遇到紧急情况，就手忙脚乱起来，因此，轧死了老乡的一只鸭子。我立即叫他停车，向老乡道歉，并给老乡赔偿了两元钱，使老乡没意见，很受感动。

1962 年 8 月 9 日

今天我看了一位科学家对青年讲的一段话，对我的启发教育很大。他说："你在任何时候，也不要以为自己什么都知道。不管别人怎样器重你们，你们都要有勇气对自己说：'我没有学识！'决不要陷于骄傲；因为一骄傲，你们就会固执起来；因为一骄傲，你们就会拒绝别人的忠告和友谊的帮助；因为一骄傲，你们就会丧失客观方面的准绳。"

这些话好得很，我不但要永记，而且要贯彻到言语行动中。

1962 年 8 月 10 日

今天，我认真学习了一段毛主席著作，其中有两句话对我教育最深。毛主席教导我们说："虚心使人进步，骄傲使人落后。"这是千真万确的真理。过去，我在一切言论或行动中，按主席的教导做了，因此我进步了；现在，我仍要牢记主席的这一教导，坚决努力，要求自己更好地做到这一点。

今后，我要更加珍爱人民和尊敬人民，永远做群众的小学生，做人民的勤务员。

1962 年 × 月 × 日

"紧紧地和中国人民站在一起，全心全意地为中国人民服务，就是这个军队的唯一的宗旨。"我是人民的子弟兵，一定要永远牢记党和毛主席的教导，无论什么时候都要关怀、爱护人民群众的利益，为人民群众的利益而战斗不息。

我们的党、政府和全国人民对革命军人的关怀和照顾是无微不至的。作为一个革命战士的我，是多么的自豪啊！但是我不能骄傲，一定牢记住党和人民对我的委托，努力学习，积极工作，英勇战斗，保持和发扬人民军队的优良传统。

附录二 《新时代公民道德建设实施纲要》①

中共中央 国务院

（2019 年 10 月）

中华文明源远流长，孕育了中华民族的宝贵精神品格，培育了中国人民的崇高价值追求。中国共产党领导人民在革命、建设和改革历史进程中，坚持马克思主义对人类美好社会的理想，继承发扬中华传统美德，创造形成了引领中国社会发展进步的社会主义道德体系。坚持和发展中国特色社会主义，需要物质文明和精神文明全面发展、人民物质生活和精神生活水平全面提升。中国特色社会主义进入新时代，加强公民道德建设、提高全社会道德水平，是全面建成小康社会、全面建设社会主义现代化强国的战略任务，是适应社会主要矛盾变化、满足人民对美好生活向往的迫切需要，是促进社会全面进步、人的全面发展的必然要求。

2001 年，党中央颁布《公民道德建设实施纲要》，对在社会主义市场经济条件下加强公民道德建设提供了重要指导，有力促

---

① 《新时代公民道德建设实施纲要》，人民出版社 2019 年版。

进了社会主义精神文明建设。党的十八大以来，以习近平同志为核心的党中央高度重视公民道德建设，立根塑魂、正本清源，作出一系列重要部署，推动思想道德建设取得显著成效。中国特色社会主义和中国梦深入人心，践行社会主义核心价值观、传承中华优秀传统文化的自觉性不断提升，爱国主义、集体主义、社会主义思想广为弘扬，崇尚英雄、尊重模范、学习先进成为风尚，民族自信心、自豪感大大增强，人民思想觉悟、道德水准、文明素养不断提高，道德领域呈现积极健康向上的良好态势。

同时也要看到，在国际国内形势深刻变化、我国经济社会深刻变革的大背景下，由于市场经济规则、政策法规、社会治理还不够健全，受不良思想文化侵蚀和网络有害信息影响，道德领域依然存在不少问题。一些地方、一些领域不同程度存在道德失范现象，拜金主义、享乐主义、极端个人主义仍然比较突出；一些社会成员道德观念模糊甚至缺失，是非、善恶、美丑不分，见利忘义、唯利是图，损人利己、损公肥私；造假欺诈、不讲信用的现象久治不绝，突破公序良俗底线、妨害人民幸福生活、伤害国家尊严和民族感情的事件时有发生。这些问题必须引起全党全社会高度重视，采取有力措施切实加以解决。

加强公民道德建设是一项长期而紧迫、艰巨而复杂的任务，要适应新时代新要求，坚持目标导向和问题导向相统一，进一步加大工作力度，把握规律、积极创新，持之以恒、久久为功，推动全民道德素质和社会文明程度达到一个新高度。

总体要求

要以习近平新时代中国特色社会主义思想为指导，紧紧围绕进行伟大斗争、建设伟大工程、推进伟大事业、实现伟大梦想，着眼构筑中国精神、中国价值、中国力量，促进全体人民在理想信念、价值理念、道德观念上紧密团结在一起，在全民族牢固树立中国特色社会主义共同理想，在全社会大力弘扬社会主义核心价值观，积极倡导富强民主文明和谐、自由平等公正法治、爱国敬业诚信友善，全面推进社会公德、职业道德、家庭美德、个人品德建设，持续强化教育引导、实践养成、制度保障，不断提升公民道德素质，促进人的全面发展，培养和造就担当民族复兴大任的时代新人。

——坚持马克思主义道德观、社会主义道德观，倡导共产主义道德，以为人民服务为核心，以集体主义为原则，以爱祖国、爱人民、爱劳动、爱科学、爱社会主义为基本要求，始终保持公民道德建设的社会主义方向。

——坚持以社会主义核心价值观为引领，将国家、社会、个人层面的价值要求贯穿到道德建设各方面，以主流价值构建道德规范、强化道德认同、指引道德实践，引导人们明大德、守公德、严私德。

——坚持在继承传统中创新发展，自觉传承中华传统美德，继承我们党领导人民在长期实践中形成的优良传统和革命道德，适应新时代改革开放和社会主义市场经济发展要求，积极推动创造性转化、创新性发展，不断增强道德建设的时代性实效性。

——坚持提升道德认知与推动道德实践相结合，尊重人民群众的主体地位，激发人们形成善良的道德意愿、道德情感，培育正确的道德判断和道德责任，提高道德实践能力尤其是自觉实践能力，引导人们向往和追求讲道德、尊道德、守道德的生活。

——坚持发挥社会主义法治的促进和保障作用，以法治承载道德理念、鲜明道德导向、弘扬美德义行，把社会主义道德要求体现到立法、执法、司法、守法之中，以法治的力量引导人们向上向善。

——坚持积极倡导与有效治理并举，遵循道德建设规律，把先进性要求与广泛性要求结合起来，坚持重在建设、立破并举，发挥榜样示范引领作用，加大突出问题整治力度，树立新风正气、祛除歪风邪气。

要把社会公德、职业道德、家庭美德、个人品德建设作为着力点。推动践行以文明礼貌、助人为乐、爱护公物、保护环境、遵纪守法为主要内容的社会公德，鼓励人们在社会上做一个好公民；推动践行以爱岗敬业、诚实守信、办事公道、热情服务、奉献社会为主要内容的职业道德，鼓励人们在工作中做一个好建设者；推动践行以尊老爱幼、男女平等、夫妻和睦、勤俭持家、邻里互助为主要内容的家庭美德，鼓励人们在家庭里做一个好成员；推动践行以爱国奉献、明礼遵规、勤劳善良、宽厚正直、自强自律为主要内容的个人品德，鼓励人们在日常生活中养成好品行。

重点任务

1. 筑牢理想信念之基。人民有信仰，国家有力量，民族有希望。信仰信念指引人生方向，引领道德追求。要坚持不懈用习近平新时代中国特色社会主义思想武装全党、教育人民，引导人们把握丰富内涵、精神实质、实践要求，打牢信仰信念的思想理论根基。在全社会广泛开展理想信念教育，深化社会主义和共产主义宣传教育，深化中国特色社会主义和中国梦宣传教育，引导人们不断增强道路自信、理论自信、制度自信、文化自信，把共产主义远大理想与中国特色社会主义共同理想统一起来，把实现个人理想融入实现国家富强、民族振兴、人民幸福的伟大梦想之中。

2. 培育和践行社会主义核心价值观。社会主义核心价值观是当代中国精神的集中体现，是凝聚中国力量的思想道德基础。要持续深化社会主义核心价值观宣传教育，增进认知认同、树立鲜明导向、强化示范带动，引导人们把社会主义核心价值观作为明德修身、立德树人的根本遵循。坚持贯穿结合融入、落细落小落实，把社会主义核心价值观要求融入日常生活，使之成为人们日用而不觉的道德规范和行为准则。坚持德法兼治，以道德滋养法治精神，以法治体现道德理念，全面贯彻实施宪法，推动社会主义核心价值观融入法治建设，将社会主义核心价值观要求全面体现到中国特色社会主义法律体系中，体现到法律法规立改废释、公共政策制定修订、社会治理改进完善中，为弘扬主流价值提供良好社会环境和制度保障。

3.传承中华传统美德。中华传统美德是中华文化精髓，是道德建设的不竭源泉。要以礼敬自豪的态度对待中华优秀传统文化，充分发掘文化经典、历史遗存、文物古迹承载的丰厚道德资源，弘扬古圣先贤、民族英雄、志士仁人的嘉言懿行，让中华文化基因更好植根于人们的思想意识和道德观念。深入阐发中华优秀传统文化蕴含的讲仁爱、重民本、守诚信、崇正义、尚和合、求大同等思想理念，深入挖掘自强不息、敬业乐群、扶正扬善、扶危济困、见义勇为、孝老爱亲等传统美德，并结合新的时代条件和实践要求继承创新，充分彰显其时代价值和永恒魅力，使之与现代文化、现实生活相融相通，成为全体人民精神生活、道德实践的鲜明标识。

4.弘扬民族精神和时代精神。以爱国主义为核心的民族精神和以改革创新为核心的时代精神，是中华民族生生不息、发展壮大的坚实精神支撑和强大道德力量。要深化改革开放史、新中国历史、中国共产党历史、中华民族近代史、中华文明史教育，弘扬中国人民伟大创造精神、伟大奋斗精神、伟大团结精神、伟大梦想精神，倡导一切有利于团结统一、爱好和平、勤劳勇敢、自强不息的思想和观念，构筑中华民族共有精神家园。要继承和发扬党领导人民创造的优良传统，传承红色基因，赓续精神谱系。要紧紧围绕全面深化改革开放、深入推进社会主义现代化建设，大力倡导解放思想、实事求是、与时俱进、求真务实的理念，倡导"幸福源自奋斗""成功在于奉献""平凡孕育伟大"的理念，弘扬改革开放精神、劳动精神、劳模精神、工匠精神、优秀企业家精神、科学家精神，使全体人民保持昂扬向上、奋发有为的精神状态。

深化道德教育引导

1.把立德树人贯穿学校教育全过程。学校是公民道德建设的重要阵地。要全面贯彻党的教育方针，坚持社会主义办学方向，坚持育人为本、德育为先，把思想品德作为学生核心素养、纳入学业质量标准，构建德智体美劳全面培养的教育体系。加强思想品德教育，遵循不同年龄阶段的道德认知规律，结合基础教育、职业教育、高等教育的不同特点，把社会主义核心价值观和道德规范有效传授给学生。注重融入贯穿，把公民道德建设的内容和要求体现到各学科教育中，体现到学科体系、教学体系、教材体系、管理体系建设中，使传授知识过程成为道德教化过程。开展社会实践活动，强化劳动精神、劳动观念教育，引导学生热爱劳动、尊重劳动，懂得劳动最光荣、劳动最崇高、劳动最伟大、劳动最美丽的道理，更好认识社会、了解国情，增强社会责任感。加强师德师风建设，引导教师以德立身、以德立学、以德施教、以德育德，做有理想信念、有道德情操、有扎实学识、有仁爱之心的好老师。建设优良校风，用校训励志，丰富校园文化生活，营造有利于学生修德立身的良好氛围。

2.用良好家教家风涵育道德品行。家庭是社会的基本细胞，是道德养成的起点。要弘扬中华民族传统家庭美德，倡导现代家庭文明观念，推动形成爱国爱家、相亲相爱、向上向善、共建共享的社会主义家庭文明新风尚，让美德在家庭中生根、在亲情中升华。通过多种方式，引导广大家庭重言传、重身教，教知识、育品德，以身作则、耳濡目染，用正确道德观念塑造孩子美好心灵；自觉传承中华孝道，感念父母养育之恩、感念长辈关爱之情，养成孝敬父母、尊敬长辈的良好品质；倡导忠诚、责任、亲情、学习、公益的理念，让家庭成员相互影响、共同提高，在为家庭谋幸福、为他人送温暖、为社会作贡献过程中提高精神境界、培育文明风尚。

3. 以先进模范引领道德风尚。伟大时代呼唤伟大精神，崇高事业需要榜样引领。要精心选树时代楷模、道德模范等先进典型，综合运用宣讲报告、事迹报道、专题节目、文艺作品、公益广告等形式，广泛宣传他们的先进事迹和突出贡献，树立鲜明时代价值取向，彰显社会道德高度。持续推出各行各业先进人物，广泛推荐宣传最美人物、身边好人，让不同行业、不同群体都能学有榜样、行有示范，形成见贤思齐、争当先进的生动局面。尊崇褒扬、关心关爱先进人物和英雄模范，建立健全关爱关怀机制，维护先进人物和英雄模范的荣誉和形象，形成德者有得、好人好报的价值导向。

4. 以正确舆论营造良好道德环境。舆论具有成风化人、敦风化俗的重要作用。要坚持以正确的舆论引导人，把正确价值导向和道德要求体现到经济、社会、文化等各领域的新闻报道中，体现到娱乐、体育、广告等各类节目栏目中。加强对道德领域热点问题的引导，以事说理、以案明德，着力增强人们的法治意识、公共意识、规则意识、责任意识。发挥舆论监督作用，对违反社会道德、背离公序良俗的言行和现象，及时进行批评、驳斥，激浊扬清、弘扬正气。传媒和相关业务从业人员要加强道德修养、强化道德自律，自觉履行社会责任。

5.以优秀文艺作品陶冶道德情操。文以载道，文以传情，文以植德。要把培育和弘扬社会主义核心价值观作为根本任务，坚持以人民为中心的创作导向，推出更多讴歌党、讴歌祖国，讴歌人民、讴歌英雄、讴歌劳动、讴歌奉献的精品力作，润物无声传播真善美，弘扬崇高的道德理想和道德追求。坚持把社会效益放在首位，倡导讲品位、讲格调、讲责任，抵制低俗、庸俗、媚俗，用健康向上的文艺作品温润心灵、启迪心智、引领风尚。要把社会主义道德作为文艺评论、评介、评奖的重要标准，更好地引导文艺创作生产传播坚守正道、弘扬正气。文艺工作者要把崇德尚艺作为一生的功课，把为人、做事、从艺统一起来，加强思想积累、知识储备、艺术训练，提高学养、涵养、修养，努力追求真才学、好德行、高品位，做到德艺双馨。

6.发挥各类阵地道德教育作用。各类阵地是面向广大群众开展道德教育的基本依托。要加强新时代文明实践中心建设，大力推进媒体融合发展，抓好县级融媒体中心建设，推动基层广泛开展中国特色社会主义文化、社会主义思想道德学习教育实践，引导人们提高思想觉悟、道德水准、文明素养。加强爱国主义教育基地和革命纪念设施建设保护利用，充实展陈内容，丰富思想内涵，提升教育功能。民族团结、科普、国防等教育基地，图书馆、文化馆、博物馆、纪念馆、科技馆、青少年活动中心等公共文化设施，都要结合各自功能特点有针对性地开展道德教育。用好宣传栏、显示屏、广告牌等户外媒介，营造明德守礼的浓厚氛围。

7. 抓好重点群体的教育引导。公民道德建设既要面向全体社会成员开展，也要聚焦重点、抓住关键。党员干部的道德操守直接影响着全社会道德风尚，要落实全面从严治党要求，加强理想信念教育，补足精神之钙；要加强政德修养，坚持法律红线不可逾越、道德底线不可触碰，在严肃规范的党内政治生活中锤炼党性、改进作风、砥砺品质，践行忠诚老实、公道正派、艰苦奋斗、清正廉洁等品格，正心修身、慎独慎微，严以律己、廉洁齐家，在道德建设中为全社会作出表率。青少年是国家的希望、民族的未来，要坚持从娃娃抓起，引导青少年把正确的道德认知、自觉的道德养成、积极的道德实践紧密结合起来，善于从中华民族传统美德中汲取道德滋养，从英雄人物和时代楷模身上感受道德风范，从自身内省中提升道德修为，不断修身立德，打牢道德根基。全社会都要关心帮助支持青少年成长发展，完善家庭、学校、政府、社会相结合的思想道德教育体系，引导青少年树立远大志向，热爱党、热爱祖国、热爱人民，形成好思想、好品行、好习惯，扣好人生第一粒扣子。社会公众人物知名度高、影响力大，要加强思想政治引领，引导他们承担社会责任，加强道德修养，注重道德自律，自觉接受社会和舆论监督，树立良好社会形象。

推动道德实践养成

1.广泛开展弘扬时代新风行动。良好社会风尚是社会文明程度的重要标志，涵育着公民美德善行，推动着社会和谐有序运转。要紧密结合社会发展实际，广泛开展文明出行、文明交通、文明旅游、文明就餐、文明观赛等活动，引导人们自觉遵守社会交往、公共场所中的文明规范。着眼完善社会治理、规范社会秩序，推动街道社区、交通设施、医疗场所、景区景点、文体场馆等的精细管理、规范运营，优化公共空间、提升服务水平，为人们增强公共意识、规则意识创造良好环境。

2.深化群众性创建活动。各类群众性创建活动是人民群众自我教育、自我提高的生动实践。群众性精神文明创建活动要突出道德要求，充实道德内容，将社会公德、职业道德、家庭美德、个人品德建设贯穿创建全过程。文明城市、文明村镇创建要坚持为民利民惠民，突出文明和谐、宜居宜业，不断提升基层社会治理水平和群众文明素质。文明单位创建要立足行业特色、职业特点，突出涵养职业操守、培育职业精神、树立行业新风，引导从业者精益求精、追求卓越，为社会提供优质产品和服务。文明家庭创建要聚焦涵育家庭美德，弘扬优良家风。文明校园创建要聚焦立德树人，培养德智体美劳全面发展的社会主义建设者和接班人。各级党政机关、各行业各系统开展的创建活动，要把公民道德建设摆在更加重要的位置，以扎实有效的创建工作推动全民道德素质提升。

3.持续推进诚信建设。诚信是社会和谐的基石和重要特征。要继承发扬中华民族重信守诺的传统美德，弘扬与社会主义市场经济相适应的诚信理念、诚信文化、契约精神，推动各行业各领域制定诚信公约，加快个人诚信、政务诚信、商务诚信、社会诚信和司法公信建设，构建覆盖全社会的征信体系，健全守信联合激励和失信联合惩戒机制，开展诚信缺失突出问题专项治理，提高全社会诚信水平。重视学术、科研诚信建设，严肃查处违背学术科研诚信要求的行为。深入开展"诚信建设万里行""诚信兴商宣传月"等活动，评选发布"诚信之星"，宣传推介诚信先进集体，激励人们更好地讲诚实、守信用。

4.深入推进学雷锋志愿服务。学雷锋和志愿服务是践行社会主义道德的重要途径。要弘扬雷锋精神和奉献、友爱、互助、进步的志愿精神，围绕重大活动、扶贫救灾、敬老救孤、恤病助残、法律援助、文化支教、环境保护、健康指导等，广泛开展学雷锋和志愿服务活动，引导人们把学雷锋和志愿服务作为生活方式、生活习惯。推动志愿服务组织发展，完善激励褒奖制度，推进学雷锋志愿服务制度化常态化，使"我为人人、人人为我"蔚然成风。

5.广泛开展移风易俗行动。摒弃陈规陋习、倡导文明新风是道德建设的重要任务。要围绕实施乡村振兴战略，培育文明乡风、淳朴民风，倡导科学文明生活方式，挖掘创新乡土文化，不断焕发乡村文明新气象。充分发挥村规民约、道德评议会、红白理事会等作用，破除铺张浪费、薄养厚葬、人情攀比等不良习俗。要提倡科学精神，普及科学知识，抵制迷信和腐朽落后文化，防范极端宗教思想和非法宗教势力渗透。

6. 充分发挥礼仪礼节的教化作用。礼仪礼节是道德素养的体现，也是道德实践的载体。要制定国家礼仪规程，完善党和国家功勋荣誉表彰制度，规范开展升国旗、奏唱国歌、入党入团入队等仪式，强化仪式感、参与感、现代感，增强人们对党和国家、对组织集体的认同感和归属感。充分利用重要传统节日、重大节庆和纪念日，组织开展群众性主题实践活动，丰富道德体验、增进道德情感。研究制定继承中华优秀传统、适应现代文明要求的社会礼仪、服装服饰、文明用语规范，引导人们重礼节、讲礼貌。

7. 积极践行绿色生产生活方式。绿色发展、生态道德是现代文明的重要标志，是美好生活的基础、人民群众的期盼。要推动全社会共建美丽中国，围绕世界地球日、世界环境日、世界森林日、世界水日、世界海洋日和全国节能宣传周等，广泛开展多种形式的主题宣传实践活动，坚持人与自然和谐共生，引导人们树立尊重自然、顺应自然、保护自然的理念，树立绿水青山就是金山银山的理念，增强节约意识、环保意识和生态意识。开展创建节约型机关、绿色家庭、绿色学校、绿色社区、绿色出行和垃圾分类等行动，倡导简约适度、绿色低碳的生活方式，拒绝奢华和浪费，引导人们做生态环境的保护者、建设者。

8. 在对外交流交往中展示文明素养。公民道德风貌关系国家形象。实施中国公民旅游文明素质行动计划，推动出入境管理机构、海关、驻外机构、旅行社、网络旅游平台等，加强文明宣传教育，引导中国公民在境外旅游、求学、经商、探亲中，尊重当地法律法规和文化习俗，展现中华美德，维护国家荣誉和利益。培育健康理性的国民心态，引导人们在各种国际场合、涉外活动和交流交往中，树立自尊自信、开放包容、积极向上的良好形象。

抓好网络空间道德建设

1.加强网络内容建设。网络信息内容广泛影响着人们的思想观念和道德行为。要深入实施网络内容建设工程，弘扬主旋律，激发正能量，让科学理论、正确舆论、优秀文化充盈网络空间。发展积极向上的网络文化，引导互联网企业和网民创作生产传播格调健康的网络文学、网络音乐、网络表演、网络电影、网络剧、网络音视频、网络动漫、网络游戏等。加强网上热点话题和突发事件的正确引导、有效引导，明辨是非、分清善恶，让正确道德取向成为网络空间的主流。

2.培养文明自律网络行为。网上行为主体的文明自律是网络空间道德建设的基础。要建立和完善网络行为规范，明确网络是非观念，培育符合互联网发展规律、体现社会主义精神文明建设要求的网络伦理、网络道德。倡导文明办网，推动互联网企业自觉履行主体责任、主动承担社会责任，依法依规经营，加强网络从业人员教育培训，坚决打击网上有害信息传播行为，依法规范管理传播渠道。倡导文明上网，广泛开展争做中国好网民活动，推进网民网络素养教育，引导广大网民尊德守法、文明互动、理性表达，远离不良网站，防止网络沉迷，自觉维护良好网络秩序。

3.丰富网上道德实践。互联网为道德实践提供了新的空间、新的载体。要积极培育和引导互联网公益力量，壮大网络公益队伍，形成线上线下踊跃参与公益事业的生动局面。加强网络公益宣传，引导人们随时、随地、随手做公益，推动形成关爱他人、奉献社会的良好风尚。拓展"互联网＋公益""互联网＋慈善"模式，广泛开展形式多样的网络公益、网络慈善活动，激发全社会热心公益、参与慈善的热情。加强网络公益规范化运行和管理，完善相关法规制度，促进网络公益健康有序发展。

4.营造良好网络道德环境。加强互联网管理，正能量是总要求，管得住是硬道理，用得好是真本事。要严格依法管网治网，加强互联网领域立法执法，强化网络综合治理，加强网络社交平台、各类公众账号等管理，重视个人信息安全，建立完善新技术新应用道德评估制度，维护网络道德秩序。开展网络治理专项行动，加大对网上突出问题的整治力度，清理网络欺诈、造谣、诽谤、谩骂、歧视、色情、低俗等内容，反对网络暴力行为，依法惩治网络违法犯罪，促进网络空间日益清朗。

发挥制度保障作用

1.强化法律法规保障。法律是成文的道德，道德是内心的法律。要发挥法治对道德建设的保障和促进作用，把道德导向贯穿法治建设全过程，立法、执法、司法、守法各环节都要体现社会主义道德要求。及时把实践中广泛认同、较为成熟、操作性强的道德要求转化为法律规范，推动社会诚信、见义勇为、志愿服务、勤劳节俭、孝老爱亲、保护生态等方面的立法工作。坚持严格执法，加大关系群众切身利益重点领域的执法力度，以法治的力量维护道德、凝聚人心。坚持公正司法，发挥司法裁判定分止争、惩恶扬善功能，定期发布道德领域典型指导性司法案例，让人们从中感受到公平正义。推进全民守法普法，加强社会主义法治文化建设，营造全社会讲法治、重道德的良好环境，引导人们增强法治意识、坚守道德底线。

2.彰显公共政策价值导向。公共政策与人们生产生活和现实利益密切相关，直接影响着人们的价值取向和道德判断。各项公共政策制度从设计制定到实施执行，都要充分体现道德要求，符合人们道德期待，实现政策目标和道德导向有机统一。科学制定经济社会政策和改革举措，在涉及就业、就学、住房、医疗、收入分配、社会保障等重大民生问题上，妥善处理各方面利益关系，充分体现维护社会公平正义的要求。加强对公共政策的道德风险和道德效果评估，及时纠正与社会主义道德相背离的突出问题，促进公共政策与道德建设良性互动。

3.发挥社会规范的引导约束作用。各类社会规范有效调节着人们在共同生产生活中的关系和行为。要按照社会主义核心价值观的基本要求，健全各行各业规章制度，修订完善市民公约、乡规民约、学生守则等行为准则，突出体现自身特点的道德规范，更好发挥规范、调节、评价人们言行举止的作用。要发挥各类群众性组织的自我教育、自我管理、自我服务功能，推动落实各项社会规范，共建共享与新时代相匹配的社会文明。

4.深化道德领域突出问题治理。道德建设既要靠教育倡导，也要靠有效治理。要综合施策、标本兼治，运用经济、法律、技术、行政和社会管理、舆论监督等各种手段，有力惩治失德败德、突破道德底线的行为。要组织开展道德领域突出问题专项治理，不断净化社会文化环境。针对污蔑诋毁英雄、伤害民族感情的恶劣言行，特别是对于损害国家尊严、出卖国家利益的媚外分子，要依法依规严肃惩戒，发挥警示教育作用。针对食品药品安全、产品质量安全、生态环境、社会服务、公共秩序等领域群众反映强烈的突出问题，要逐一进行整治，让败德违法者受到惩治、付出代价。建立惩戒失德行为常态化机制，形成扶正祛邪、惩恶扬善的社会风气。

加强组织领导

加强新时代公民道德建设，是推进中国特色社会主义事业的一项基础性、战略性工程。要坚持和加强党的领导，增强"四个意识"，坚定"四个自信"，做到"两个维护"，确保公民道德建设的正确方向。各级党委和政府要担负起公民道德建设的领导责任，将其摆上重要议事日程，纳入全局工作谋划推进，有机融入经济社会发展各方面。纪检监察机关和组织、统战、政法、网信、经济、外交、教育、科技、卫生健康、交通运输、民政、文化和旅游、民族宗教、农业农村、自然资源、生态环境等党政部门，要紧密结合工作职能，积极履行公民道德建设责任。发挥基层党组织和党员在新时代公民道德建设中的战斗堡垒作用和先锋模范作用。工会、共青团、妇联等群团组织，各民主党派和工商联，要积极发挥自身优势，共同推动公民道德建设。

　　各级文明委和党委宣传部要切实履行指导、协调、组织职能，统筹力量、精心实施、加强督查，抓好工作任务落实。注重分析评估公民道德建设的进展和成效，及时总结推广成功经验和创新做法，加强道德领域重大理论和实践问题研究，推动形成公民道德建设蓬勃开展、深入发展的良好局面。

后 记

2000 年，我们承担了江苏省社科课题《榜样论——建国以来先进人物集体述评》，至今已经 21 年，研究团队始终对准提升榜样教育效应这一目标展开多维度研究。随着 2012 年江苏先进典型研究中心的成立（该中心由江苏省文明办与南通大学共建，为江苏省高校重点研究基地，彭怀祖教授担任主任、首席专家），研究的深度和广度不断加强，学理视角紧紧围绕伦理学基础理论进行，积极参与改革开放以来榜样教育的生动实践，研究在全国引起较大反响。

"学习雷锋好榜样"这句歌词曾经唱响大江南北，雷锋是全民榜样，是时代楷模，也是中华民族的道德典范。随着改革开放步伐持续加大，社会主义市场经济体制走向成熟，信息社会快速到来，社会既有弘扬传承雷锋精神的良好态势，也有怀疑雷锋精神过时的杂音。2019 年 10 月，中共中央、国务院印发的《新时代公民道德建设实施纲要》中明确指出"要深入推进学雷锋志愿服务，促进学雷锋志愿服务制度化常态化"。如何让雷锋精神在新时代真正深入人心，使其成为新时代社会进步和向上的重要动力源；如何进一步凸显雷锋行为的真实性与崇高性，使全体社会公众在新时代能自觉践行雷锋精神，这些是榜样研究的重要内涵，是本书着力探索的内容。

雷锋已离开我们近 60 年，雷锋生平介绍和雷锋精神的宣传资料浩如烟海，通过艰苦的甄别与剖析，我们基本厘清了雷锋的生平、《雷锋日记》诞生的历史背景与国际影响、雷锋精神的内核、雷锋行为的动因，通过充分说理与寻求事实的交融，明晰了选树、宣传、学习榜样雷锋的必然。通过阐述《雷锋日记》的当代价值、弘扬雷锋精神的制度保障、践行新时代雷锋精神等内容，感受到新时代道德建设必须遵循规律，要坚持积极倡导与有效治理并举，把先进性引领和广泛性要求结合起来，明确了新时代弘扬雷锋精神的重要意义。

我们感受到，社会环境的多样性、个体价值的多元性都给榜样教育效应提升带来复杂与困难，《重读〈雷锋日记〉——以先进典型研究为视角》是榜样教育效应提升的有益探索，我们会在此道路上持续努力。

为了新时代更好地展现雷锋精神，《雷锋日记》选编部分在原文基础上适当做了调整，删减了部分内容，对个别错别字进行了修正，对一些标点符号也进行了调整。

感谢唐凯麟教授，他年事已高，仍给本书作序，令我们倍感温暖和鼓舞。感谢中国文明网张其胜老师，他举荐我们写作此书。感谢姜羽歆、周梦两位学生，他们为本书的写作收集、整理了资料。要感谢的人实在太多，恕我们不在这里一一列举了，谢谢大家！

责任编辑：杨瑞勇

封面设计：石笑梦

责任校对：吕　飞

图书在版编目（CIP）数据

重读《雷锋日记》：以先进典型研究为视角／彭怀祖 等著 . — 北京：
　人民出版社，2021.4
　ISBN 978 - 7 - 01 - 023288 - 1

Ⅰ. ①重…　Ⅱ. ①彭…　Ⅲ. ①雷锋精神 - 研究　Ⅳ. ① D64

中国版本图书馆 CIP 数据核字（2021）第 057905 号

重读《雷锋日记》

CHONGDU LEIFENG RIJI

——以先进典型研究为视角

南通大学江苏先进典型研究中心

彭怀祖　吴东照　著

人民出版社 出版发行

（100706　北京市东城区隆福寺街 99 号）

北京盛通印刷股份有限公司印刷　新华书店经销

2021 年 4 月第 1 版　2021 年 4 月北京第 1 次印刷

开本：880 毫米 × 1230 毫米 1/32　印张：7.25

字数：160 千字

ISBN 978 - 7 - 01 - 023288 - 1　定价：56.00 元

邮购地址 100706　北京市东城区隆福寺街 99 号

人民东方图书销售中心　电话（010）65250042　65289539